社会工作理论

（第1辑）

主　　编　何雪松
执行主编　黄　锐

華東理工大學出版社
EAST CHINA UNIVERSITY OF SCIENCE AND TECHNOLOGY PRESS
·上海·

图书在版编目(CIP)数据

社会工作理论. 第1辑 / 何雪松主编. -- 上海 : 华东理工大学出版社, 2024. 6. -- ISBN 978-7-5628-7405-8

I. C916.2

中国国家版本馆 CIP 数据核字第 202496VY77 号

策划编辑 / 刘　军
责任编辑 / 牟小林
责任校对 / 张　云
装帧设计 / 居慧娜
出版发行 / 华东理工大学出版社有限公司
地址：上海市梅陇路 130 号，200237
电话：021－64250306
网址：www.ecustpress.cn
邮箱：zongbianban@ecustpress.cn
印　　刷 / 上海锦佳印刷有限公司
开　　本 / 710 mm×1000 mm　1/16
印　　张 / 13
字　　数 / 191 千字
版　　次 / 2024 年 6 月第 1 版
印　　次 / 2024 年 6 月第 1 次
定　　价 / 76.00 元

集刊名称：社会工作理论（第 1 辑）

主办单位：中国社会工作教育协会社会工作理论专业委员会

华东理工大学社会与公共管理学院

协办单位：上海学术·专业出版中心“社会工作与社会治理出版中心”

华东理工大学“上海高校智库”社会工作与社会政策研究院

发 刊 词

社会工作自诞生以来,一直被诟病的是它没有理论,或者说它不像其他社会科学那样有足够坚实的理论基础。但回顾社会工作发展史,无论是它积极汲取社会学、心理学、人类学、政治学等学科的知识养分,还是从实证主义、人文主义、批判主义、建构主义、女性主义、关系主义等认识论中借鉴理论资源,抑或不断总结社会工作服务经验和提炼实践模式,皆致力于寻求社会工作理论化,进而探讨使社会工作成为一门科学的可能性。这对于中国而言更具有独特的意义,因为这关涉中国特色社会工作学科体系、学术体系、话语体系的建设。

中国社会工作自20世纪80年代恢复重建以来,在改善民生服务、创新基层治理、服务乡村振兴、推动共同富裕等方面发挥了重要作用,涌现出一批服务成效显著的本土实践与典型案例。然而,这些实践与案例难以在西方现有的社会工作理论框架中得到充分的解释。因此,我们不能再以西方理论作为中国社会工作实践的指针,将本土实践视为对西方理论的简单应用,抑或成为西方理论的文化敏感性的一个注释,而是应当以中国为中心、以中国为方法,挖掘中国社会工作实践中的"富矿",建构自主性知识体系。这是社会工作研究者应有的理论自觉!

《社会工作理论》是国内外第一本围绕社会工作理论进行探讨的学术集刊,旨在邀请国内外社会工作研究者共同搭建一个聚焦社会工作理论的交流、共享平台。本集刊希望立足国外理论前沿与国内实务前沿,聚焦基于中国处境的社会工作实践研究,总结和提炼社会工作实践智慧、实践模式、实践理论,为中国特色社会工作学科体系、学术体系、话语体系的建设贡献力量,同时不断丰富全球社会工作理论的知识库。

何雪松

2024年6月

目　　录

本刊特稿

专题论文：发展性社会工作研究

书评

英文摘要

《社会工作理论》征稿启事

本刊特稿

社会工作的公共价值创造：一个“行动三角”模型

何雪松[①]　杜依蒙[②]

摘要：中国社会的快速转型推动了社会关系和价值观念的变革，社会团结和公共价值成为社会建设的聚焦。在这一特别的转型脉络下，社会工作承担着更为宏观的时代使命。社会建设和社会治理这样的宏大叙事都要求转型社会工作的宏观目标是创造公共价值。笔者将基于马克·穆尔（Mark Moore）的战略三角模型，提出转型社会工作的“行动三角”，从行动目标（公共价值）、行动基石（制度环境与资源网络）、行动保障（专业行动能力）三个维度建构社会工作公共价值创造的行动框架，并在此基础上从识别、实施和评估这三个阶段探讨社会工作公共价值创造的实践运行路径，研究社会工作者将如何更好地利用自身优势实现公共价值的协同共创，为建立共治共享的发展型社会作出贡献。

关键词：公共价值；价值共创；社会工作；行动三角

中国的社会工作发展与社会建设、社会治理这类宏大叙事关系紧密。随着社会的进一步发展与转型，一方面，中国的社会形态从过去封闭、静态、同质性的熟人社会向开放、流动、异质性的陌生人社会转变（王小章，2023），中国传统的道德情感观念受到新观念的冲击，带来个体间的紧张与冲突，这亟须通过相互之间的理性交往与沟通达成最终共识；另一

---

① 何雪松，男，博士，华东理工大学社会与公共管理学院院长、教授，研究方向为社会工作理论。

② 杜依蒙，女，爱尔兰高威大学博士研究生，研究方向为医务社会工作、性别权力关系。

方面，我国社会主要矛盾已经转化为人民日益增长的美好生活需要和不平衡不充分的发展之间的矛盾，社会治理的中心任务逐渐转变为努力实现社会联结与社会团结的互动共生和良性循环，以期构建一个兼有秩序与活力的有机社会（冯仕政，2021）。在这一过程中，“转型”与“变革”逐渐成为社会发展的主要潮流，而“人民的需要”和“社会的发展”正是处在变革中的社会尤其需要关注的重要内容，这一点与社会工作既重视个人又重视社会的干预目标相吻合。价值引领是社会工作一个重要的宏观目标，而在目前社会急剧转型的背景之下，形成价值共识和社会共识也成了当下的深层需求，社会工作急需完成重构社会的精神基础或人心秩序的任务（何雪松，2020）。从这个角度来看，伴随着社会转型的道德、价值和情感的转型，转型社会工作的作用正在逐步凸显。郑广怀和赵培浩（2022）的研究也强调，需借由发展社会公益事业，在社会成员之间传播互助共惠的公益理念，培育与创造社会公共价值，进而激发共同富裕的内生动力。由此可见，公共价值的创造将成为社会工作需要重视的目标和任务之一，而社会工作在实践之中也的确可以在更广阔的社会转型脉络之中进行定位，促进公共价值的共创，惠及更加广泛的人群（何雪松，2020）。因此，这是一个值得进一步探究的重要议题。

一、社会工作与公共价值创造

（一）公共价值与价值共创

公共价值也被称为公益价值或社会价值，1995年由穆尔首次提出。目前，学界在界定公共价值时，主要参照穆尔、博兹曼（Bozeman）和梅因哈特（Meynhardt）三人的观点。其中，穆尔的观点最经典，且受到了广泛的认可。他认为公共价值代表了公民对于政府的期望，是指公民根据自己的偏好和喜好自愿选择而形成的“价值集合”。在此基础上，穆尔（2016：34－35）还进一步提出了包括公共价值、合法性与支持、运作能力在内的公共价值战略三角模型。博兹曼（2007）认为公共价值涵盖了包括权利、义务、规范在内的多重元素，因此从这个角度来看，公共价值并不是一种单一维度的内容，而是多元主体在多重元素和多重可能相互冲突的价值体系中进行权衡后，最终形成的相对共识。梅因哈特（2009）则更加强调公共价值是个人和社会实体之间的关系。总结来看，公共价值可以被看作政府、公共部门、社会组织等社会实体与公民之间的关系，其中蕴含着多样的权利、义务、规范和价值体系，其目标在于满足公民的需求、实现公民的愿望、达到公民的期待，并最终能够达成多样主体之间的共识。公共价值的共识与实践以公共领域作为依托，存在于人们的共同生产和生活当中，且以公民的需要作为主旨。公共产品和服务是公共价值存在的媒介和客观基础，公民的共同需要则是公共价值存在的目标与主观依据（胡敏中，2008）。简单来说，公共价值取决于公民的判断，源于公共服务或产品，与政治和政策环境息息相关。

公共价值的共创与最终实现是一个完整的过程，对此，博兹曼等提出了“价值生命周期”的观点。他们认为，价值的共创可以从上游、中游和下游进行各个阶段的划分。其中，上游指的是价值的产生、识别与细化，中游指的是价值工具和价值执行，下游指的是价值实现与价值结果（Bozeman，2019；陈振明、魏景容，2022）。从具体的目标和要旨的角度来看，价值共创的实现并非为了解决个人的问题或者一些物质与经济方面的需求，而是针对更加广泛的群体，其目标在于收获精神或情感层面幸福感、满意度、信任感等，这些是多方主体参与共同生产的公共价值，同时也反过来维系了多方主体之间的合作（Randall，Gravier，and Prybutok，2011；王学军，2020；公婷，2023）。从具体实践的角度来看，在价值共创的过程中，政府或社会组织与公民的“互动”是尤为重要的，价值正是在参与者的一些持续的互动过程中逐渐产生并被识别和感知的（Osborne，2018）。从结果和产出的角度来看，“价值”往往附着于公共服务之上。但价值共创理论也明确指出，服务对象对于公共服务的确认程度和认可程度才是公共价值存在的体现（Osborne，2018）。正如上文所提及的，公共产品和服务是否能为服务对象（公民）带来幸福和便利、满足公民的需求、实现公民的愿望、达到公民的期待，势必影响公共价值的创造与实现。

社会组织通过与服务对象互动为他们提供公共服务与产品，满足他们的需求，获取他们的正向反馈。这一过程将会实现公共价值的产出，而社会工作正是社会组织的重要组成部分。因此，公共价值与价值共创理应被看作社会工作者的重要工作方向，广大社会工作者需要有意识地发挥自己的力量，与服务对象一同实现公共价值的创造。

（二）社会工作与公共价值

无论是从社会工作的历史发展，还是从中国社会的转型变革来看，公共价值的创造与维持都是现代社会工作发展的重要任务之一，尤其是对于当代中国的社会工作来说，这是具有必然性和必要性的。

一方面，国际社会工作的发展由原本的“去社会化”逐渐向“社会化”发展，社会工作的“公共性”和“社会性”得到了更多的重视。社会工作与慈善公益事业同源互构，并在其中分化出慈善组织会社和睦邻友好运动两条主要支流。然而，随着社会工作的进一步发展，相较于睦邻友好运动的“社会变革”路线，慈善组织会社的“治疗取向”逐渐获取了更多的关注，成为英美社会工作的主流范式（赵环，2018：4－5）。直到 20 世纪 70 年代激进社会工作的兴起，“去社会化”的主流范式才逐渐受到批评并进行反省。激进社会工作的着眼点在于社会的不公正和结构带来的压迫，认为社会工作者需要做到“为社会”。在此基础上，激进社会工作还强烈批判了过去的社会工作者忽视社会正义和社会价值的行为（赵环，2018：9－10）。自此，社会工作的“公共性”与“社会性”逐渐回归到各路学者的视野之中。21 世纪初，社会学家麦克·布洛维（Michael Burawoy）在美国社会学会年会上就“公共社会学”的重要性发表了自己的见解，并进一步阐释了“社会学应有的公共关怀和道德担当”。他认为社会学需要回到“社会”中，回到“公众”中，在与社会成员开展沟通性对话的同时鼓励他们积极讨论社会议题、参与公共事件，以推动社会的发展和进步（闻翔，2008；徐选国、高丽、严骏夫，2018）。通过布洛维提出的“公共社会学”，我们可以感知到“公共性”和“社会性”对于转型期社会科学的研究来说是重要的。“社会性”是一种个体与他人进行交往互动的属性，这些互动与个体的各种需求息息相关，因此往往是必需的。个体与他人的联结具有自发性，联结越多社会性越强（冯仕政，2021）。而“公共性”代表生产和生活中人与人之间所产生的必然存在的相互依赖，人们都需要为了达到共同合作的目标和促进公共利益的产生而付出努力，这是一种实现社会团结所必需的交往状态（冯仕政，2021）。简言之，“社会性”来自人们之间的相互联结，而“公共性”在于人们之间的团结合作，这两者的意涵与当下快速转型的中国社会的需求和社会工作的宏观目标是密切相关的。在这一社会背景下，转型社会工作逐渐进入了人们的视野。转型社会工作是在迅速转型的社会空间中推动社会更加公平正义的专业力量，在社会建设的过程中占据重要的位置，也是中国社会工作发展的阶段性要求，其工作重点在于“价值转型”（朱健刚，2011；何雪松，2020；郭伟和，2022）。“价值转型”本是管理学领域的概念，“转型”指的是“从以产品销售为典型的价值交易转向以服务者和被服务者的持续互动为典型的价值共创”（Hamidi，2020）。从转型社会工作的角度来理解，即社会工作者应该确立更加宏观的目标，跨越传统的救济角色，更加积极地参与到与社会变革和社会发展相关的行动中去，寻求社会结构、体制和整体性的变革和发展，作用于更多群众（何雪松，2020）。

另一方面，社会工作是一种维系社会良善发展的保护机制，其对于“公共性”、公共价值的创造和维护来说是非常重要的。改革开放后，受到西方国家个体化风潮的影响，中国由原本政社联系紧密的“总体性社会”向着利益结构发生分化的“个体化社会”发展。其一，个人逐渐成为社会行动的主要单元并直接面对来自市场和社会的风险，家庭的功能性和社会关系的稳定性在这一时期均处于逐步下降的状态（江立华、王斌，2015），个人与公共之间的社会形态也变得更加疏离，形成了一种社会矛盾激增、社会联结弱化和社会风险频发的病态社会结构（田毅鹏，2009）。其二，原本各自处在封闭和静态的小社会中的个体在现代化的新社会中相遇，这使曾经相互存在隔阂和差异的个体之间的道德观念和思维观点产生了碰撞和张力，带来了不可避免的“失范”（王小章，2023）。正如涂尔干（2006：91－

94）所表述的那样，零散于社会各处的观点一旦浮出水面并进入公共的社会区域，就会带来批评与争论。虽然这些争论也是共识和情感共鸣产生的条件，但这一结果的达成需要一个空间，即一个能够允许充分开展理性讨论的公共空间（康德，2016：161）。与此同时，全球社会的重大变动和数字化、信息化的发展也深刻影响着中国的社会化转型（何雪松，2020）。这一变化在为社会工作带来挑战的同时，也带来了机遇。哈贝马斯（Habermas，1999：252）曾对“公共领域”这一概念进行了说明。他认为，公共领域是独立于个人领域和国家政治权力的，具有开放性、流动性和平等性的第三方领域。“公共领域”不仅是公民聚集、交往、互动、讨论的空间，还是政府和公民沟通的重要场所和平台。公民可以在“公共领域”内讨论公共事务、形成一致意见、开展集体行动，最终实现维护公共利益这一最高目标（哈贝马斯，2003：446－447）。从这个角度来看，公共领域实际上也可以被看作“公共性”实现的前提。理想状态下的公共领域可以为公民之间、公民与社会组织之间、公民与政府之间的交往和沟通创造机会，主体之间平等、开放、公平、公开的对话是实现公共领域中的公共价值的一个重要条件（哈贝马斯，1999：49）。“公共领域”和“公共空间”在这种更加宽广的国际视野和更加现代化的信息媒介中将变得更加具有广泛性和多元化（哈贝马斯，1999：252），这也就意味着“公共性”的实现与公共价值的创造有了更丰富的方式和渠道，社会工作可以充分利用这些输送专业服务和公共产品、开展政策倡导，进而实现公共价值的创造与传递。从这个角度来看，当下中国的社会转型需要社会工作开展“公共性”的重构和公共价值的创造与传递，同时，社会转型也为社会工作完成这一任务提供了新的机遇和进一步创新的可能性。

社会工作的历史发展和当今中国的社会转型均肯定了社会工作的“公共性”和“为社会”的特征，并且凸显了社会工作创造公共价值这一任务在中国社会快速转型的当下的重要性与必要性。因此，为了顺应当前社会的发展潮流，实现社会工作的实践目标，现代社会工作需要更加关注公共价值的形成机制，将其与自身结合，进一步推动社会团结与社会的公平正义，为建设共治共享的发展型社会作出应有的贡献。

二、社会工作创造公共价值的“行动三角”

社会工作如何才能创造出符合公民需求和期待的公共价值结果？针对这一点，笔者将在穆尔所提出的以创造公共价值为核心的战略三角模型的基础上展开分析和讨论。该模型指出，公共价值的创造主体需要根据当前环境的变化对公共价值进行“识别、发现、定义和创造”（穆尔，2016：73）。在这一理论基础上，笔者拟制定社会工作的分析框架，即在战略三角模型的基础上提出三个相互关联的维度——公共价值、制度环境与资源网络、专业行动能力，并以此构成社会工作创造公共价值的“行动三角”，从而指导社会工作者开展具体的服务。

（一）战略三角模型

首先对穆尔的战略三角做出一定的解释。在战略三角模型中，价值意为行动所具有的实质价值，即价值的创造主体在行使职责或执行任务时需要明确的治理的使命和总体目标（穆尔，2016：100－102）。此外，价值还可以被看作获得合法性与支持的依据。合法性与支持指的是一种价值得以实现的“授权环境”，是来自法律或政治等层面上的可持续性保障（穆尔，2016：100）。运作能力就是公共价值的创造主体为了达到价值目标而需要拥有的一种能力集合，包括在运作、实践和管理等方面的能力，寻找资源的能力，以及获取资源的能力（穆尔，2016：100）。从这三个维度来看，价值目标的实现需要内外部环境和资源的协调与整合，其中，运作能力属于内部环境，合法性与支持则属于外部环境，作为目标和使命的价值维度在内外部都可以有所体现。

之后，布赖森、桑奇诺和贝宁顿（Bryson，Sancino，and Benington，2017）进一步对该模型做了一定的细化，将多元行动者之间的协同作用引入该模型之中，认为不仅价值创造的主体自身具有战略三角，其他参与价值共创的多元主体同样具有自己的战略三角。布赖森、桑奇诺和贝宁顿（2017）还进一步将三个维度的战略模型细化为五个要素，即行动者、实践、公共价值产生（或消失）的情境、公共问题、功能。其中，行动者可被简单理解为所有参与价值共创的主体；实践主要包括政策分析、协商、评估、领导、管理，以及制度设计等；公共价值产生（或消失）的情境主要是关注价值创造这一行动所处的政治或社会环境，以及这些环境对于行动所带来的促进或阻碍作用；公共问题代指价值创造过程中可能会出现的问题与挑战，而价值创造的主体们需要对这些问题进行有效回应；功能是在多元主体及其与资源网络的互动协调中产生的，包括利益相关者的参与、对公共价值内涵的识别与认知、合作联盟、实践路径的提出和实施、通过学习和变革提升能力等多种方式，这一要素也是创造公共价值的核心要素（Bryson，Sancino，and Benington，2017）。战略三角模型如图1所示。

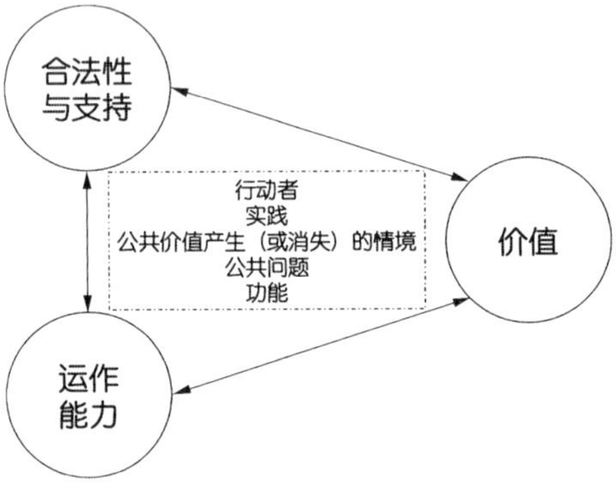

图1　战略三角模型

（二）公共价值创造的“行动三角”

穆尔和布赖森等提出的战略三角模型构成了实现公共价值共创的有效路径，对于价值创造有一定的指导意义。参与价值共创的多元主体一方面需要根据现实环境不断寻求这三个维度之间的协调和相互适配，另一方面还需要进行互动，实现战略三角之间的联动与耦合，这样才能够真正实现公共价值的创造。在中国社会转型的背景之下，社会工作担负起促进公共性、为社会创造公共价值这一责任是具有必要性和必然性的，因此，对于战略三角模型的解读有利于为社会工作者开展行动提供一定的理论指导。但需要注意的是，战略三角模型是针对公共治理的理论模型，社会工作者在应用时需要更加灵活。因此，笔者尝试从社会工作的角度对该模型进行解读和进一步延伸，以此为基础提出社会工作创造公共价值的“行动三角”模型（如图 2 所示），使其更加契合社会工作的实践目标，进一步推动社会工作在转型期为社会“公共性”的提升作出贡献。

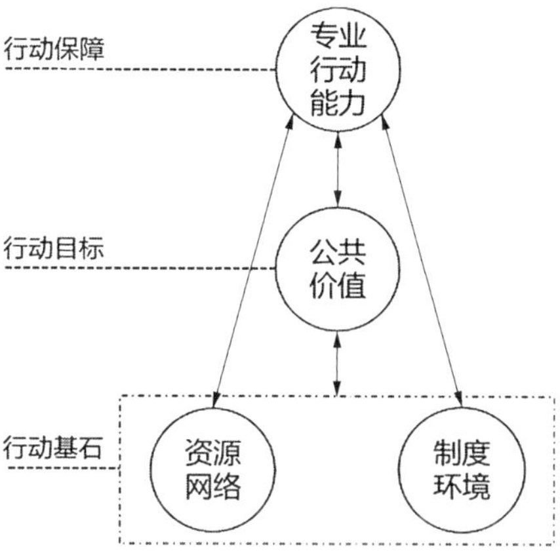

图 2 社会工作创造公共价值的“行动三角”模型

1. 行动目标：公共价值的创造

行动目标应该被置于“行动三角”模型建构的中心位置，社会工作者的一切行为都要围绕这一目标开展。战略三角模型中的“价值”被解释为主体的目标与使命，而“行动三角”模型中公共价值这一维度的建立也是为社会工作者的行动确立重要目标。在社会转型、个体化潮流影响社会生活的当下，作为一种以改变社会现实处境为目标的专业和服务体系，社会工作的关键目标之一正是创造公共价值和实现社会团结。对于社会工作者来说，公共价值的内涵并不是能够被明确定义的，而是需要在不断变化和转型的社会环境中被进一步识别、细化和重构的。

第一，公共价值具有多样性和变动性。社会工作者并非实现公共价值创造这一行动目标的唯一主体，服务对象也需要参与其中，这是因为他们的需求往往是多种多样且处在不断变化中的。第二，公共价值重视公平性，且存在私人利益与公共利益混杂的情况。在个体化的社会中，“公”与“私”的关系结构有了新的变化，“公共性”和公共价值的实现不能再依靠过去单位制时期的组织化动员，强制性的公共参与和社会行动已经无法达到以往的效果（江立华、王斌，2015）。在这种情况下，公民会更加重视公平，并关注他人获得的服务，以及他们可以从中受益的服务，因为在他们看来，公平分配本身就可以创造价值（Kelly，Muers，and Mulgan，2002：14）。对他们来说，公共性的价值和利益固然重要，但也不能大量牺牲个人利益。因此，我们在构建共治共享的发展型社会时，既要考虑个人利益，也要考虑公共利益。第三，公共价值的产生是一个动态过程（Hartley，Alford，and Knies，2017），公共价值借由被提供的公共服务或公共产品而产出。公共价值创造的途径就在于政府向公民提供创新且高质量的公共服务与公共产品，即公共服务和产品的存在与提供本身就自带价值（Hartley，Alford，and Knies，2017；Hartley，2011：171－184）。第四，公共价值需要被评估。公共价值的产出会受到主观评价的影响，因此，公民对于这些服务与产品的评价正是评估的体现，公民的态度决定了公共价值的产出情况。第五，创造公共价值这一行动目标的存在是获取行动基石——制度环境与资源网络——的参照依据。对于社会工作者来说，行动目标的实现与行动基石的获取是相互成就的。当社会工作者对于需求的回应有一定的敏感度和灵活度时，他们就能够为服务对象提供更加优质且更能够适应多元变化的公共服务与公共产品（刘银喜、赵森，2022），从而创造出更多的公共价值。行动目标的完成会使社会工作者在寻求更多政策支持和资源支援时更具说服力。与之相对应的是，如果社会工作者能够获取更多来自政策和资源网络的支持，就更加有可能提供适切的公共服务与产品来满足服务对象的要求，进而更容易推动公共价值的共创，实现最终的行动目标。

因此，推动公共价值的共创是转型期的社会工作者行动的中心目标。只有通过对公共价值的概念进行重构，并对其在新时代中所产生的新内涵有更进一步的了解，社会工作者才能够明确他们的目标并找准努力的方向。转型期的社会工作者所关注的公共价值附着于公共服务与产品之上，对公共价值的创造是具有多样性、变动性、公私交融性和重视公平性的动态过程，对公共价值的评估会受到主观情感和态度的影响。制度环境与资源网络对公共价值的实现具有积极作用，而公共价值的实现与否也将影响制度环境与资源网络的未来发展方向。公共价值的创造与实现是现代社会工作在中国转型期间的预期目标和重要使命。

2. 行动基石：制度环境与资源网络

行动基石，即行动过程中起到基础性和支撑性作用的部分。从社会工作的角度来看，行动基石指的是行动主体从政策、法律、制度所搭建的宏观结构网络，以及个人所构成的关系网络中获得的各种资源与支持。

首先，作为来自英美等国家的“舶来品”，社会工作若想在中国的土壤上得以扎根，势必要将自己嵌入中国原有的制度体系中，并在中国的社会环境中进行本土化的调整，以更好地在中国发挥优势（徐选国，2017）。从这个角度来看，社会工作在中国的一切行动目标的达成都受到了中国的社会与政策环境的深刻影响。其次，由于社会工作被引入中国的时间还不长，对于民众来说是一种新兴产物，合法性基础不够坚实，且由于专业团队和专业能力的问题，存在服务质量参差不齐的情况，这也就意味着社会工作在社会上的认知度、信任度和承认度均处在不够充分的状态。对于中国的社会工作者来说，如果只依靠他们自身或者他们所处的机构的力量，就只能提供较少的自下而上的公共服务与产品，且在实现公共价值的创造这一目标方面的效率并不高。因此，社会工作者必须获得自上而下的力量，即获得来自政府、权威部门或其他社会组织的支持，并能够在他们的支持下借由政府购买服务的机制扩大自身影响力（林磊，2017），调动起多元主体的参与和联动，这样才能更加有效地促进社会工作创造公共价值这一行动目标的实现。最后，社会工作是“关系性”工作，关系网络与社会资本对于社会工作者的工作开展具有重要作用。尤其在中国社会中，“关系”是理解中国文化的一个重要概念，处在社会中的每个个体都拥有自己的关系网络，且个体与个体之间的关系网络往往存在交叉和重叠的部分，这些将共同构成当今社会人与人之间的复杂的关系网络（杨超、何雪松，2017）。正是这种网络，塑造了中国人独具特色的行为方式。关系网络被视为一种实际的或潜在的资源集合体，处在关系网络中的个人与他人之间的价值、信息和资源的共享能够促进合作与信任关系的建立，从而实现网络中主体的互惠（布尔迪厄，1997：202）。从这个角度来看，行动主体在开展行动时不仅处在宏观的政策大环境中，还处在由一个个关系网络所构成的微观结构之中，受到关系间流通的社会资本的影响。网络中其他主体的支持和认同，以及不同资源的引入，都能够为具体行动的开展和行动目标的实现奠定基础。

就国内的宏观环境而言，社会工作能承担的不只是微观的服务，还能在乡村振兴、社会治理、志愿服务、第三次分配等领域作出更多的贡献（李迎生，2023）。由于转型期出现的各种社会问题，“公共性”已经逐渐成为政府部门关注的重点，如何连接个体与公共生活、提升个人与他人之间的公共性、促使个体或群体离开私人空间并关注公共问题成为需要深入研究的问题。从这个角度来看，目前党和政府对社会工作发展和社会工作人才培养的支持，以及对于“公共性”和公共价值的重视均为社会工作开展服务提供了良好的发展机遇与作用空间。

行动基石对于社会工作实现行动目标起到了推动和监管的作用：一方面，那些能够体现公共价值创造的公共服务和公共产品将会得到支持和鼓励，政府及其他部门与组织甚至有可能进一步协助社会工作者参与价值共创的多元主体的行动，解决公共价值创造过程中所面临的问题，推动行动的高效性和可持续性；另一方面，该维度还有利于矫正或惩罚那些危害公共价值创造的行为，进而为价值共创行为的有序推进、公共利益的实现和社会团结的形成提供应有的保障。

3. 行动保障：专业行动能力

当目标确定且行动的基础环境良好时，为了保障行动顺利开展，就需要考虑到能力的作用。对于社会工作者来说，专业行动能力正是促进其顺利开展服务并达到最终目标的保障，这是一种获取资源、达到目标的可能性。同时，笔者认为社会工作者通过对服务对象“授权”，使服务对象得以提升的能力也可以被视为专业行动能力。专业行动能力的存在是社会工作者真正完成创造公共价值这一行动目标的保障和内在动力。

专业行动能力主要指的是社会工作者个人或社会工作这一专业内部的专业性的提升。社会工作是一项专业助人的服务活动，“专业性”是其最重要的特征。从这个角度来看，“专业性”可被拆解为多个组成部分。在社会工作和许多相关专业中，能力被广泛认为包括能力、知识、价值观和技能等（Drisko，2014），这些均已经在美国社会工作教育委员会（Council on Social Work Education，CSWE）设定的认证要求和美国社会工作者协会（National Association of Social Workers，NASW）所建立的核心道德价值观中被正式化，即社会工作者需要在专业价值观的指导下和自身的能力范围内开展实践，从而丰富专业知识、提升专业技能。

专业行动能力与社会工作者的行动目标和行动基石均有密切联系。佩恩（Payne，2005：15－22）指出，社会工作者需要推动社会工作成为职业的能力，以及与主动或者被动寻求帮助的人建立服务关系的能力。前者主要指的是社会工作者对于其社会处境的反应，可以将其理解为与政策环境的关系，即社会工作者需要有及时识别并感知当前社会发展方向和社会需求的能力，同时也要有适应当前的政策环境并根据这一环境进行自我调整和变革的能力。后者指的是对服务对象切身需要的反应，这里既体现了社会工作者对最终目标的分辨与识别，又包含了社会工作者与实现目标的其他主体的互动。具体来说，社会工作者在关注自身在推动实现价值创造这一目标所处的社会背景、政策环境和所拥有的能力资源的同时，还需要关注到其他共同参与公共价值创造的主体。社会工作者需要用自己的能力为这些主体“增能”或“倡导”，使他们能够有更多的能力和资源去正视和解决自己的问题、进行社会参与和关注公共问题，从而实现公共价值的共创。笔者认为，当面对创造公共价值这一现代社会工作的重要任务时，推动多元主体达成合作共识的能力也是尤为重要的。公共价值的创造需要依靠强有力的组织能力和丰富的资源来实现，这就意味着参与价值共创的多元主体之间的协同是必不可少的。为了提高价值共创这一目标实现的效率，达到实践目标，作为推动价值共创的重要组成部分，社会工作者需要担负起链接地方政府、部门、社会组织和公民等多元主体的责任，促进不同层级的主体之间达成共识和紧密合作，为公共价值的共创建构起公共服务合作网络，通过自己的专业能力带动多元主体的整体协作和合作生产，最终实现价值共创的终极目标。

此外，专业行动能力还涉及知识、价值观和技能方面的概念。“知识”即社会工作的专业知识，是实现社会工作专业性的重要组成部分，而且必要的知识还是上述许多能力实现与提升的重要支撑。价值观影响了专业社会工作者应用能力、知识和技能的方式，展现了社会工作者的职业使命，与社会工作者的行动目标有着千丝万缕的联系。能力也被视为社会工作的核心专业价值之一。技能指的是通过培训或实践而获得的行动能力。德里斯科（Drisko，2014）指出，技能的定义方式可能与能力的定义重叠，他认为技能就是基于一个人的知识、实践或才能所生成的做好某事的能力。其中，知识、培训和经验均是技能的关键部分，技能的提升需要通过不断实践来获取大量的经验。

社会工作者的专业行动能力可以被看作具体行动的内在保障，与行动目标和行动基石都联系紧密。专业行动能力的提升可以对整个“行动三角”，甚至对其他行动主体的行为产生影响。此外，社会工作产生的直接效果就是专业行动能力的提升，因为专业行动能力更多是属于内部环境的维度，相较于侧重外部环境维度的制度环境与资源网络，内部环境的改变和提升要更加容易。因此，在社会工作实现公共价值创造这一目标时，专业行动能力的提升与改变应该被放在更靠前的位置上。

三、社会工作创造公共价值的具体实践路径

“行动三角”模型的建构将引领社会工作者展开具体实践。笔者将从识别、实施和评估这三个阶段来构建社会工作创造公共价值的实践路径，探究社会工作应该如何在快速转型的当代社会实现价值共创这一目标。

（一）识别阶段

行动目标实现的媒介主要为公共服务，通过提供服务实现价值最大化时，需要了解什么样的给定服务对公众最有价值，这就是识别阶段需要做的事情。在识别阶段，社会工作者需要综合考虑整个“行动三角”所涉及的全部维度，即行动目标、行动基石与行动保障，这样才能够真正确定行动的具体方向。

首先是行动目标的识别。约根森和博兹曼（Jørgensen and Bozeman，2007）指出，公共价值不是政府价值，即价值本身并不依附于“政治行动”或“政府权威”，而是公众根据自身的需求所进行的非常主观的评估结果。格罗路斯（Grönroos，2008）认为，价值永远只能由服务对象创造，提供服务的组织永远无法交付价值，他们能做的只有为服务对象提供价值主张或在服务对象创造价值时为其提供资源。因此，公众的需求与偏好才是公共价值的核心，只有公众自己才能决定什么对他们真正有价值（Kelly，Muers，and Mulgan，2002：7），而社会工作者的任务就是挖掘公

众的需求与偏好，这也是社会工作者在识别层面需要完成的最主要的任务。研究显示，公共需求和偏好是在家庭和亲密关系网络中形成的，同时也会受到其他人——如邻居、社区的其他成员、社交媒体——的影响，而且往往会是多样和多变的，因此往往需要通过集体程序来解决，需要形成共同表达的愿望并被要求赋予合法性（Kelly, Muers, and Mulgan, 2002：8）。从这个角度来看，社会工作者若想切实且及时地获取和识别公众的需求，最重要的事情就是重视“表达”，为公众提供渠道。有明确的证据表明，当一些公共问题与某些公民联系紧密时，公民会有强烈的愿望去表达他们的观点，尤其是那些被直接影响到的人，他们表达和参与的愿望也会更加迫切（Kelly, Muers, and Mulgan, 2002：8）。社会工作者需要为公众提供平台，如焦点小组、座谈会等，以便他们可以了解问题、表达观点、探索情境或寻求帮助。通过他们对于自我需求的“表达”，社会工作者才能更加准确地获取信息并为后续的具体行动提供依据。

此外，需要注意的是，社会工作者在识别公共价值时，不仅需要考虑到当前的服务对象，还需要看到那些可能需要提供服务的人（即使他们自己并不知道）、未来的服务对象、可能不需要被服务但对服务有自己的看法的人等个体或群体的需求和愿望（Kelly, Muers, and Mulgan, 2002：35）。除了更好地了解既定的需求和偏好，社会工作者还应该预防新问题的出现并尝试预测公众的新期望（Kelly, Muers, and Mulgan, 2002：8），因为当公众已经明确形成偏好时，就说明问题可能已经长期存在。因此，为了提升公共价值，建设共治共享的现代社会，社会工作者更加需要的是一种敏锐的触觉，能够提前识别和尽量避免问题，而非仅仅在问题出现之后才去征求公众的意见以修复已造成的伤害。

对于行动基石和行动保障的识别相对比较简单。一方面，行动目标（公共价值创造）的实现始终以制度环境与资源网络为基石，政府的政策态度、社会的制度环境、行为主体的资源网络都将影响公共服务的运作和完成情况，从而产生多样化的社会结果；另一方面，社会工作者自身的能力水平和实践经验将会作用到切实的工作和服务之中，对服务的效果和效率产生影响。因此，在开展工作之前，社会工作者需要对内识别自身的能力和社会资本，以便在服务过程中切实有效地链接资源，达到事半功倍的效果；对外识别当下政策环境，以便发掘有利于该公共服务或公共产品推行的政策规定，提高服务质量和结果产出，或发掘当下政策的缺漏之处，发挥倡导职能，为公众福利水平提升、社会治理能力的提升和社会团结与社会正义的进一步实现作出一定的贡献。

（二）实施阶段

公共价值是为公众创造的价值，塑造个体或群体与社会的关系的每一个过程都可以被视为公共价值创造的过程（Meynhardt，2009），简单来说就是提供公共服务或公共产品以满足公众需求的过程。因此，提供公共服务就是社会工作者在这一阶段最需要完成的任务。在这个过程中，社会工作者需要始终以行动的最终目标为抓手，通过提升自身的专业行动能力和链接更多资源开展具体实践，回应有需要的个体或群体的诉求，推动建设更加完善、更具灵活性和弹性的社会保护机制（何雪松，2020），营造更加良好的制度保障环境，实现和谐社会的共治共建。实施阶段是社会工作在创造公共价值这一过程中最重要的，也是最应该被重视的一环。

首先，社会工作者的服务需要注重针对性和灵活性。社会工作者所提供的服务不应该是无条件的普遍主义服务，而应该是基于公平的不同服务，且这些服务在需求不同的群体中具有指向性和适切性，以减少经济社会发展中的不平衡情况。有研究表明，大约80%的群众倾向于同意“公共服务应该针对最需要的人”这一说法，同时也有超过70%的群众反对“公共服务只应该针对穷人”的提议（Kelly，Muers，and Mulgan，2002：16）。这些数据表明，公共服务是面向全体公民的，但同时也应该存在特定的、针对部分人群的、具有一定准入门槛的公共服务。例如，社会工作者应该为社会上的全体青少年儿童提供一定的普遍性服务和产品，但针对农村或民族地区的留守儿童的服务则需要“身份”或“地区”的准入标准，这样才能在服务的过程中更具有指向性，提高服务的效率和质量。因此，社会工作者需要制定适当的服务或福利获取条款，这通常是决定服务是否受到公众或特定人群重视的关键因素（Kelly，Muers，and Mulgan，2002：16）。

其次，社会工作者需要促进多元合作，激发行动主体参与公共事务的活力。从参与公共服务的主体角度来看，公共价值是公民、社会组织、市场、政府等共同努力而产生的，这些多元主体均属于服务的共同生产者和价值的共同创造者。而作为公共价值创造的实践内容，公共服务正是建立在上述多元主体的互动和对话体系之上的，这就要求我们建立多元主体间互动与协商的信任机制，并以此平衡多元主体间的价值和利益关系（刘银喜、赵淼，2022），这也是多元主体之间价值和利益的调适、协调与妥协的过程。因此，社会工作一则需要鼓励和促进这些多元主体都积极参与到创造公共价值这一过程中，二则需要在服务过程中为这些多元主体建立形式更加新颖多样的沟通方式和互动平台。需要注意的是，全球化影响下的社会分化和不平等可能会撕裂社会，造成不同群体之间的分隔和脱节。因此，在鼓励不同群体参与行动的过程中，社会工作者需要先建立充满包容、共享和融合的平台，以减少群体间的排斥和隔离，促进社会团结、达到行动目标（何雪松，2020）。此外，主体之间如何做到角色和利益的协调、如何定义不同身份的意义和功能、如何促进相互信任、如何达到公众在创造公共价值过程中的充分参与和公共参与给公众带来的额外的负担之间的平衡等问题均是社会工作者需要关注的重点。

再次，社会工作者需要顺应当下社会发展的趋势和潮流。在目前数字化、信息化的世界，无论是现实社会中的身体共在还是虚拟空间中的意识共在都是可以实现的。例如，社会工作者可以借鉴数字政府的治理方式，借助数字化技术和多媒体平台来实现资源的整合和共享，这样，数据、信息、知识、服务就可以在新技术的支持下快速地流动，社会工作者开展公共服务和邀请多元主体参与公共服务的渠道也可以变得更加丰富。社会工作者还可以在开展线下社区干预的同时建立网络群组，加快资源互流互通，促使这些参与公共服务的人们得以“拉着彼此的手”，并能够共同产生某种额外的能量，以推进改变并产生“关系良好”的共享价值（Folgheraiter，2007）。公共服务供给模式的便利化和创新化不仅能够提高服务的效率，还能够优化多元主体的服务体验，创造更多的公共价值。这种多元主体充分利用当下社会制度与社会发展环境的优势，在更加广泛的平台进行协调互利和资源共享、参与社会问题解决的过程，对于促进社会公平正义、实现公共价值创造效率最大化有着积极意义。

最后，最基础的一点是，社会工作者需要了解什么会影响到服务对象的满意度。例如，有研究显示，服务对象的满意度可能会受到社会工作者的态度、社会工作者的专业性、服务对象获取的信息、服务对象的选择权、服务的使用和宣传等因素的影响（Kelly，Muers，and Mulgan，2002：12-13）。因此，社会工作者需要依据这些可能会对服务对象的体验产生影响的因素做出调整，从而提高服务质量，带来更多的公共价值产出。

（三）评估阶段

公共价值最终的产出与否、产出程度和产出效果均需要通过评估来确定，这就进入了社会工作者创造公共价值的最后一个阶段——评估阶段。在经济学的相关研究中，价值创造的评估针对的是商品的价值或相对价值的提高。人们往往试图尽可能地消除主观评价，以建立一个客观意义上的价值评估标准（Meynhardt，2009）。但是，公共价值是不同的，它由服务对象的态度、满意度、幸福感、信任感等体验性因素所界定。个人对于产品或服务的感知情况被视为公共价值的创造，即主观评价才是确定行动目标达到与否的关键。这是一种主观意义上的情感标准，可能涉及复杂的因果关系或主体之间的争议，因此，公共价值的创造情况很难用经济学研究中的那些简单、客观的标准来衡量。

目前针对公共价值的评估方式大多是将公共价值概念化为一些特定的、可以借由某些测量工具来衡量的维度，因此，当社会工作者在评估公共服务所创造的公共价值时，也可以借助这样的方式来获得一个相对准确和直观的结果。举例来说，梅因哈特（2009）在约根森和博兹曼（2007）的研究基础上，基于形式价值论和需求理论，将公共价值概念化为道德伦理、政治社会、实用工具和享乐主义审美四个视角，并将其进一步分为16个相互关联但不可替代的基本维度的组合，提出了公共价值的清单。他指出，通过测量或探究这四个视角及其所包含的概念的变化情况，理论上能够对公共价值的创造情况进行评估。虽然梅因哈特在研究中并没有对测量方式进行更加细致的论述，但其划分的方式和划分的维度是社会工作可以借鉴和进一步研究的。公婷（2023）也是将公共价值概念化为不同维度来进行评估的，并进一步关注到了服务对象对服务机构的信任程度。信任是公民与政府或其他提供公共服务的社会组织之间关系的核心，如果公众缺少对那些提供公共服务的公共管理者的信任，那么即使达到了公共服务的结果目标，信任的缺失也会破坏公共价值的产生（Kelly，Muers，and Mulgan，2002：18）。因此，“公众对公共机构的信任会随着时间的推移而增加”这一点本身就是价值的来源，虽然这并不直接体现服务质量或具体的服务成果，但可以进一步促进后续的公共服务的成功（Kelly，Muers，and Mulgan，2002：24）。公婷（2023）以“腐败治理”为例，通过问卷调查的形式，以满意度、信任度、容忍度等作为衡量方式，证实了“腐败治理”这一公共服务所带来的公共价值。对于社会工作来说，这样的评估方式是比较常见且可行性更高的。社会工作者可以通过测评服务对象的感受（如满意度、幸福感等），以间接的方式评估价值创造的产出情况。

此外，对于公共服务的“成果”测量也是可以纳入考虑的。“成果”指的是公共服务带来的具体的“受益情况”，不是让特定的个体受益，而是让公众受益。公共价值简单来说就是“对公众的价值”和“来自公众的价值”（是评估个人、群体和整个社会的基本需求如何在涉及公众的关系中受到影响的结果），即从公众的经验中“汲取”出来的价值，所以“一切对个体与社会关系质量和共享经验的积极影响都可以被看作公共价值的创造”（Meynhardt，2009；Jørgensen and Bozeman，2007）。对于成果的评估并不像对于服务质量的评估那样有概念化的维度框架，笔者认为社会工作在开展公共服务时，可以在创造公共价值这一总目标之下设定可以用客观数据（如人数、比率、覆盖率等）来进行衡量的分目标，更为直观地获取公共服务的具体成果，从而证实公共服务的成效，推断公共价值的产出情况。

四、结论与讨论

现阶段，我国社会正处在结构转型的关键时期，发挥“为社会”的属性并达到提升“社会性”与“公共性”、创造公共价值的这一目标和使命，对社会工作参与社会治理来说是具有必要性和必然性的。笔者在穆尔的战略三角模型的基础上建构了社会工作创造公共价值的“行动三角”，并进一步对社会工作者的行动路径进行了分析（如图 3 所示）。社会工作为创造公共价值而开展的行动需要经历识别、实施和评估这三个阶段，其中公共价值是社会工作者奋斗的最终行动目标，以关系、资源、法律、政策、社会制度为代表的制度环境与资源网络的存在是实现该目标的行动基石，社会工作者自身所拥有的专业行动能力则是推动该目标实现的动力和内在保障。对于社会工作者来说，公共服务和公共产品的供给是实施阶段所需要完成的最主要的任务，而服务内容的设定需要建立在对最终目标的识别、对制度环境与资源网络的正确认知，以及对自身和服务对象的能力进行判断的基础上。在此过程中，社会工作者还需要通过提升自我能力、为服务对象增能、有效利用现有资源、参与政策倡导、促进公共参与、协调多元主体关系等多样化的努力，来提升服务或产品供给的效率。最终，关于公共价值的创造情况需要通过合理的方式进行评估。目前对于公共价值创造的评估还没有一个比较权威和统一的认定，这也是未来进行相关研

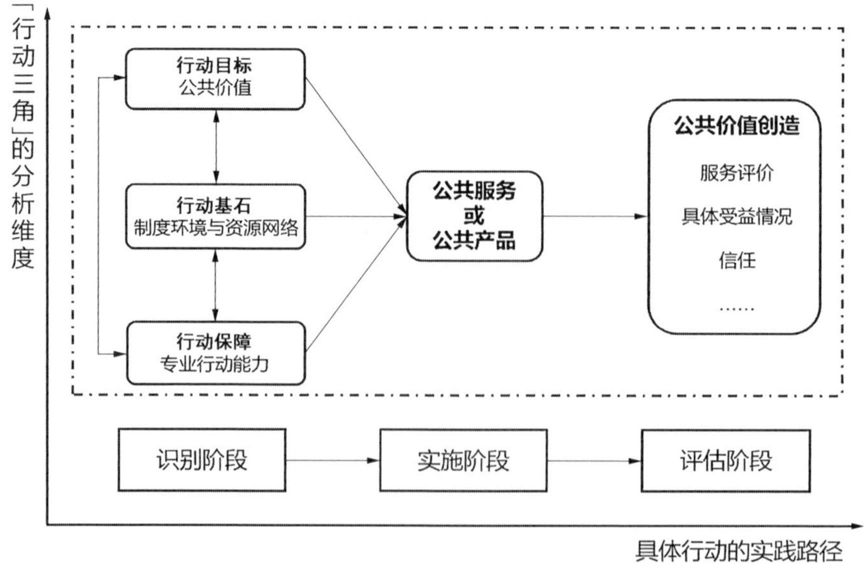

图 3　社会工作公共价值创造的行为实践路径

究的可能方向。当下社会工作者可以借鉴以往研究，将公共价值的创造概念化为不同维度或具体化为某些数值，如服务对象对服务的评价、对服务提供者的信任程度，以及服务产生的具体收益等，并借此来讨论服务的有效性和目标的实现情况。在社会快速转型阶段，以公共价值为导向的社会工作服务突出了其“公共性”和“社会性”的特质，关注到了个体化思潮对当下中国社会产生的影响。因此，社会工作者在服务中要更加注重个人与个人、个人与群体、个人与社会之间平等开放的关系。此外，信息化和数字化的社会也能够为社会工作者的服务提供更加多样化和创新性的渠道和平台，促使社会工作者能够最大限度地挖掘社会公民的需求并实现他们对于公共利益的追求，实现社会的公平正义，为推动社会团结和建立共治共享的发展型社会作出贡献。

综合对上述内容的分析，本文仍有一定的不足和欠缺之处，这也是未来需要进一步探索和研究的地方。首先，笔者仅对社会工作实现公共价值创造的实践路径进行了较为笼统的分析，但公共价值的创造是一个极其复杂的过程，外部情境、参与主体等其他因素的影响可能都会带来不同的结果，然而笔者并未将重点聚焦于这些因素带来的差异和挑战。因此，之后的相关研究需要关注情境、主体、问题等多种影响要素带来的复杂性，从不同的角度来探究实践路径顺利进行的机制或方法。其次，笔者仅关注了公共价值创造“成功”的维度和路径，对于公共价值创造“失败”这一很可能会出现的情况并未加以考虑。然而，从失败的角度探究如何规避、修正对于社会工作进一步促进公共价值的产出具有重要意义。因此，今后的研究也可以从这个角度进行探究，探索不同视角下如何更好地发挥社会工作的作用来推动公共价值的创造。最后，目前对于如何评估公共价值的创造并没有一个确凿的说法，笔者也只是在以往研究的基础上对社会工作可以借鉴的方式进行了简单的概述，并未充分论述究竟何种评估方式对于社会工作来说更具有可行性且更为有效。在未来的研究中，公共价值创造的评估方式应该被视作研究的重点之一，可以通过逻辑推演或具体实例来对不同评估方式进行检验和分析，以寻求更加适合社会工作的评估方式。

参考文献

[1] 王小章. 结构、情感与道德：道德转型的社会学探索 [J]. 社会学研究，2023，38（2）：93-114.

[2] 冯仕政. 社会治理与公共生活：从连结到团结 [J]. 社会学研究，2021，36（1）：1-22.

[3] 何雪松. 积极而非激进：宏观社会工作的中国图景 [J]. 学海，2020（1）：119-122.

[4] 郑广怀，赵培浩. 沟通权力：困境女性创造乡村公共价值的深层逻辑：以湖南省长沙市"芙蓉花开"公益项目为个案 [J]. 妇女研究论丛，2022（4）：57-70.

[5] 穆尔. 创造公共价值：政府战略管理 [M]. 伍满桂，译. 北京：商务印书馆，2016.

[6] MEYNHARDT T. Public value inside：what is public value creation? [J]. International journal of public administration，2009，32（3-4）：192-219.

[7] 胡敏中. 论公共价值 [J]. 北京师范大学学报（社会科学版），2008（1）：99-104.

[8] BOZEMAN B. Public values：citizens' perspective [J]. Public management review，2019，21（6）：817-838.

[9] 陈振明，魏景容. 公共价值的"研究纲领"：途径、方法与应用 [J]. 公共行政评论，2022，15（6）：63-77.

[10] RANDALL W S，GRAVIER M J，PRYBUTOK V R. Connection，trust，and commitment：dimensions of co-creation? [J]. Journal of strategic marketing，2011，19（1）：3-24.

[11] 王学军. 价值共创：公共服务合作生产的新趋势 [J]. 上海行政学院学报，2020，21（1）：23-32.

[12] 公婷. 公共治理中的"价值共创"：以香港的廉洁建设为例 [J]. 公共管理与政策评论，2023，12（1）：28-36.

[13] OSBORNE S P. From public service-dominant logic to public service logic：are public service organizations capable of co-production and value co-creation? [J]. Public management review，2018，20（2）：225-231.

[14] 赵环. 社会工作与社会创新 [M]. 上海：华东理工大学出版社，2018.

[15] 闻翔. 社会学的公共关怀和道德担当：评介麦克·布洛维的《公共社会学》[J]. 社会学研究，2008（1）：224-233.

[16] 徐选国，高丽，严骏夫. 社会创新与新时代社会工作发展趋势：评赵环《社会工作与社会创新》[J]. 华东理工大学学报（社会科学版），2018，33（6）：105-112.

[17] 朱健刚. 转型时代的社会工作转型：一种理论视角 [J]. 思想战线，2011，37（4）：40-41.

[18] 郭伟和. 在实证主义与实用主义之间：对西方社会工作两种实践模式及其认识论基础的评析 [J]. 社会学研究，2022，37（3）：206-225.

[19] HAMIDI D Y, MACHOLD S. Governance, boards and value co-creation: changing perspectives towards a service dominant logic [J]. European management journal, 2020, 38 (6): 956 - 966.
[20] 江立华，王斌. 个体化时代与我国社会工作的新定位 [J]. 社会科学研究，2015 (2): 124 - 129.
[21] 田毅鹏. 转型期中国社会原子化动向及其对社会工作的挑战 [J]. 社会科学，2009 (7): 71 - 75+189.
[22] 涂尔干. 职业伦理与公民道德 [M]. 渠东，付德根，译. 上海：上海人民出版社，2006.
[23] 康德. 康德政治哲学文集 [M]. 李秋零，译. 北京：中国人民大学出版社，2016.
[24] 哈贝马斯. 公共领域的结构转型 [M]. 曹卫东，王晓珏，刘北城，等译. 上海：学林出版社，1999.
[25] 哈贝马斯. 在事实与规范之间：关于法律和民主法治国的商谈理论 [M]. 童世骏，译. 北京：生活・读书・新知三联书店，2003.
[26] 哈贝马斯. 交往行动理论：第 1 卷 [M]. 洪佩郁，蔺菁，译. 重庆：重庆出版社，1994.
[27] BRYSON J, SANCINO A, BENINGTON J, et al. Towards a multi-actor theory of public value co-creation [J]. Public management review, 2017, 19 (5): 640 - 654.
[28] KELLY G, MUERS S, MULGAN G. Creating public value: an analytical framework for public service reform [R]. London: Cabinet Office, UK Government, 2002.
[29] HARTLEY J, ALFORD J, KNIES E, et al. Towards an empirical research agenda for public value theory [J]. Public management review, 2017, 19 (5): 670 - 685.
[30] HARTLEY J. Public value through innovation and improvement [M] // BENINGTON J, MOORE M H. Public value: theory and practice. Basingstoke: Palgrave Macmillan Ltd., 2011: 171 - 184.
[31] 刘银喜，赵淼. 公共价值创造：数字政府治理研究新视角：理论框架与路径选择 [J]. 电子政务，2022 (2): 65 - 74.
[32] 徐选国. 中国社会工作发展的社会性转向 [J]. 社会工作，2017 (3): 9 - 28.
[33] 林磊. 治理语境下我国社会工作发展路径研究的再思考 [J]. 宁夏社会科学，2017 (6): 104 - 112.
[34] 杨超，何雪松. 社会工作的关系视角 [J]. 学海，2017 (4): 134 - 140.
[35] 布尔迪厄. 文化资本与炼金术：布尔迪厄访谈录 [M]. 包亚明，译. 上海：上海人民出版社，1997.
[36] 李迎生. 中国式现代化新征程中的社会工作研究 [J]. 中国特色社会主义研究，2023 (1): 12 - 19.
[37] DRISKO J W. Competencies and their assessment [J]. Journal of social work education, 2014, 50 (3): 414 - 426.
[38] 佩恩. 现代社会工作理论 [M]. 何雪松，张宇莲，程福财，等译. 上海：华东理工大学出版社，2005.
[39] JØRGENSEN T B, BOZEMAN B. Public values: an inventory [J]. Administration

& society, 2007, 39 (3): 354 - 381.

[40] GRÖNROOS C. Service logic revisited: who creates value?: and who co-creates? [J]. European business review, 2008, 20 (4): 298 - 314.

[41] FOLGHERAITER F. Relational social work: principles and practices [J]. Social policy and society, 2007, 6 (2): 265 - 274.

现实改变何以可能：社会工作元理论的考察

童　敏[①]　李诗雨[②]

摘要：作为我国基层治理的重要专业力量之一，社会工作在社区现实生活中开展专业实践是其基本特征。它面临因专业实践下沉社区带来的过度行政化和专业内涵模糊不清的难题，导致专业实践流于形式。为此，有必要就西方专业社会工作强调的“人在情境中”的基本原理进行审视，以便明确社会工作的专业核心。通过回顾“人在情境中”这一原理的发展历程，以及对比中西方社会工作专业实践逻辑可以发现，尽管西方专业社会工作始终把人与环境的现实联系作为专业核心，以区别于心理治疗和社会学分析，但是在实际操作层面，由于西方专业社会工作走了一条科学实证主义的专业化发展道路，不自觉地把人与环境对立起来，从而导致专业内涵摇摆于心理与社会之间。中国社会工作一方面需要延续西方社会工作有关专业内涵的界定，把加强人与环境现实联系的问题解决作为专业核心；另一方面需要通过场景化将西方社会工作的专业内涵融入人们的社区现实生活中，突出“情境中的人”这一原理，创建场景化问题解决的服务模式，找到与西方社会工作平等对话的自主知识逻辑。

关键词：问题解决；社会工作；自主知识

基金项目：国家社科基金重点项目“中国式现代化与社会工作自主知识体系建构研究”（23ASH002）的阶段性成果。

① 童敏，男，博士，厦门大学社会与人类学院社会工作系教授，研究方向为精神健康社会工作、健康照顾社会工作、社会工作督导、社会工作理论、社会工作服务的专业化和本土化、中国文化与社会工作。

② 李诗雨，女，厦门大学社会与人类学院社会工作专业硕士研究生，研究方向为健康社会工作、社会工作理论、社会工作服务的专业化和本土化。

一、问题的提出

自 2006 年党的十六届六中全会提出“建设一支宏大的社会工作人才队伍”战略部署以来，我国社会工作的职业化和专业化得到了快速发展，无论在服务领域、服务内容还是在服务方法和模式上，都有了极大的拓展（童敏、史天琪，2017），特别是近几年来我国社会工作得到了党和政府的认可，被视为我国基层治理创新的一支重要专业力量，成为“五社联动”中不可或缺的重要组成部分（童敏、周晓彤，2023；牛犁耘、秦永超，2023）。这样，我国社会工作在基层治理实践中就需要处理政社关系，以及由此带来的服务行政化的问题，导致社会工作专业边界常常变得模糊不清（任文启，2017；郑广怀，2020；文军、方淑敏，2022；童敏、杜经国，2022），甚至有时成为行政的依附（刘振、徐选国，2021）。2021 年之后，随着乡镇（街道）社工站的全面铺开，我国社会工作逐渐由城市向偏远山区和农村延伸，服务方式也从原来的项目制转变成了站点制。社会工作者不仅需要完成在地社会工作专业服务的推进工作，还需要完成在地站点的建设、在地专业人才的培养，以及在地部门联动和资源汇集等方面的工作任务，这使我国社会工作的专业边界变得更加模糊不清（黄泓、黎春娴，2022；李富强、张曙，2023；陈涛，2023）。实际上，与我国乡镇（街道）社工站相似的站点，如未成年人保护站、新时代文化实践站、“党建+”邻里中心等也逐渐融入了社会工作专业服务，成为我国社会工作开展专业服务的重要站点（杜英姿、郭文治，2021）。

值得注意的是，在我国社会工作逐渐成为党和政府创新基层治理的一支重要专业力量的同时，也出现了一些针对特殊人群的专项服务，如医务社会工作、禁毒社会工作、精神卫生社会工作、司法社会工作、困境儿童社会工作等，这些专项服务不仅常常需要落地社区、处理政社合作的关系，而且需要多专业合作，甚至跨界合作。这样，我国社会工作的专业边界是否清晰就变得异常重要，它不仅直接关乎我国社会工作的专业定位和专业发展，还关乎多专业团队的建设和特殊人群专项服务的深入（童敏、周燚，2019）。可以说，我国社会工作专业边界的清晰划分已经成为我国社会工作在高质量发展过程中需要解决的难题。

与西方在院舍服务中寻求社会工作专业化发展不同，我国社会工作是在基层的社区日常生活中开展专业实践的，它无法就社会工作的专业化来谈专业化，需要结合在地的行政要求和居民的现实需求来创建社会工作的专业化（李晓凤，2019；童敏、刘芳，2021）。显然，这种社会工作专业化是发生在社区的现实生活中的，能促进居民在社区现实生活中发生积极的改变。尽管西方专业社会工作把社会工作界定为一门注重服务对象改变的学科，但很多研究已经表明，服务对象很难将在院舍内学到的改变技能运用在现实生活中（Stein and Test，1980；McGrew and Bond，1995）。服务对象实际上需要的是一种在社区现实生活中的改变，而不是在受到特定保护的人为环境中的改变，即“人在情境中”。为此，学术界和实务界有必要对社会工作所强调的“人在情境中”这一促使人发生积极改变的基本原理进行审视，明确社会工作的专业边界，以便为我国注重基层治理创新的社会工作找到自身的学理基础，创建中国自主的社会工作知识体系。

二、社区现实生活实践中的专业困惑

一旦我国社会工作专业实践的场域移向了社区，改善人们的社区现实生活情况就成为我国社会工作获得社会认可的关键，这也自然成为我国社会工作专业实践的目标。但是，以这样的目标开展社会工作专业实践就会在服务内容上遇到难题。因为在社区的现实生活中，人们担忧的是生活的实际问题，特别是社区中的困弱人群，他们在社区的现实生活中遭遇的实际问题通常是生计和健康方面的困扰，如就业困难、经济紧张、就医不便、健康照顾不佳等，需要他人给予直接的帮助。面对这种针对实际问题的服务要求，我国社会工作专业实践就会陷入两难的困境：一方面，不针对这些实际问题开展专业实践，我国社会工作就根本无法走进人们的社区现实生活中，也无从谈起如何获得人们的认可；另一方面，即使针对这些实际问题开展了专业实践，它也不属于社会工作的专业服务范围，难免遭受人们的怀疑，因为它既不关乎人们的心理调适，也不关乎人们的社会支持。显然，我国社会工作不得不解决人们的实际问题，而实际问题的解决又不属于专业社会工作的服务范围。

在现实生活实践中，除了服务内容会陷入两难的困境，我国社会工作专业实践的服务焦点也同样面临两难的处境。一方面，我国社会工作者通过解决实际问题能够帮助人们克服面临的困难，使人们能够得到必要的帮助；另一方面，这种只针对人们实际问题进行干预的问题解决模式只会促使我国社会工作专业实践趋于事务化、功利化，只寻求可见的、短期目标的实现，加剧人们对社会工作专业服务的依赖。这样，我国社会工作者提供的专业实践就会与人们接受社会工作专业服务之后的依赖形成恶性循环，即我国社会工作者提供的专业实践越多、越丰富，人们对我国社会工作专业服务的依赖就会越强、越迫切，导致出现“越帮越弱”的现象。为了帮助人们解决社区生活中的实际问题，社会工作者可以盘点社区资源，以此作为资源库与人们多样化的需求直接对接，这种需求与资源直接对接的方式常常被视为我国社会工作专业实践中的一种有效方法。然而，这种做法只见需求，不见人，忽视了人的主体性，看不到每个人自身拥有的促进现实生活改变的潜力。

在服务合作方面，我国社会工作者在社区的现实生活实践中也会面临诸多新的挑战，除了需要针对服务对象开展专业实践，还需要顾及服务对象的家庭照顾者，以及身边的重要他人等非正式的社会支持网络，甚至有时也需要与服务落地的社区居委会或者基层政府的有关部门打交道，与他们建立起相互信任的专业合作关系。这样，我国社会工作者在社区现实生活实践中就无可避免地面临两个方面的难题：一是因为涉及多个利益相关方，所以需要建立起综合性的社会支持网络，其中既包含了对服务对象的非正式支持，也包含了对服务对象的正式支持；二是受到行政化的影响，不仅需要关注社区居委会的诉求，而且需要接受基层政府有关部门的指导，这在那些需要多部门联合推进的服务项目上表现得尤为突出。实际上，由于我国社会工作机构属于体制外的民办非营利组织，它们在服务项目的资金供给和社会影响的推广等方面直接依赖基层政府，这就造成我国社会工作专业实践趋于行政化（徐道稳，2017；马丽、张国磊，2021）。

随着社会工作逐渐成为我国基层治理的一支重要专业力量，它服务的对象范围也在不断拓展，从传统的困弱人群逐渐延伸到普通的社区居民，甚至延伸到社区能人和乡贤。与困弱人群不同，普通的社区居民、社区能人和乡贤在环境适应方面的需求并不迫切，特别是社区能人和乡贤更希望在社区的现实生活中发挥自身的作用，使自己的生活更有意义、更有价值。这样，当我国社会工作者在面对基层治理实践中的主要服务对象——普通的社区居民、社区能人和乡贤——时，就无法运用传统的注重现实问题解决的社会工作专业手法，从而导致我国社会工作者在社区现实生活实践中面临两难的境地：一方面，基层治理实践中的主要服务对象不需要问题解决取向的社会工作专业服务，这使我国社会工作者在基层治理实践中常常找不到自己的专业位置和价值；另一方面，虽然我国社会工作者可以依据问题解决模式开展针对社区困弱人群的专业服务，但是这样的社会工作专业服务又无法推动困弱人群参与社区治理，导致我国社会工作的专业服务与基层治理实践脱节，甚至有时还会出现对立的情况。

可见，在基层治理创新的推动下，我国社会工作专业实践的场域逐渐移向了社区。由于社区现实生活具有实用性、多元性和多样化的特点，我国社会工作在现实生活实践中常常面临服务内容不专业、服务焦点事务化、服务合作多元化、服务对象多样化等挑战，极易出现专业定位不清、服务流于形式等问题。

三、“人在情境中”与问题解决

最早从个人和环境两个方面界定社会工作内涵的是玛丽·里士满（Mary Richmond）。她在总结针对贫困家庭的个案服务成效时指出，社会工作者需要在服务对象的现实生活中帮助他（help the person in his situation）。为此，里士满（1917：25）还专门提出了一种综合介入策略，旨在从服务对象个人及其周围环境一起入手开展社会工作专业服务。之后，里士满的学生高登·汉密尔顿（Gordon Hamilton，1951：34）则直接将社会工作的基本原理界定为“人在情境中”（person-in-situation），并且将这一基本原理描述为个人、环境、个人与环境三者之间的相互影响。心理社会治疗模式的集大成者弗洛伦斯·郝利斯（Florence Hollis）在汉密尔顿的想法的基础上，进一步诠释了“人在情境中”的社会工作内涵。伍兹和赫利斯（Woods and Hollis，1990：28）将“人在情境中”的“在”删除了，强调人与环境是直接相互影响的，它们相互依存，并不存在“在”这一过程。尽管不同学者对“人在情境中”的社会工作内涵有不同的理解，但是他们都认为“人在情境中”是社会工作的基本原理，包含人和环境两个基本元素。这意味着，社会工作以帮助服务对象解决现实环境中的问题为核心。

20世纪60年代后，这种能够被人们直接感知并且与人们直接相互影响的现实环境（situation）逐渐被内涵丰富、层次多样的生态环境（environment）取代，特别是在20世纪80年代后的社会工作理论多元化发展的影响下，人们对“人在情境中”的基本原理也有了更加多样化的理解。生态系统视角的社会工作更加强调生态环境的复杂性和变动性，认为这种生态环境不仅包括个人面临的环境，而且包括家庭应对的环境和社会遭遇的环境，这三种不同环境之间交错影响（Gitterman and Germain，2008）。女性主义视角的社会工作呈现了人际环境的变动性和复杂性，强调人际关系的和谐才是促使人们成长改变的关键（Freedberg，2009：26）。增能视角的社会工作展现了更加复杂的社会环境的层次，坚信除了受生态环境的影响，人们的成长改变还受政策、种族、文化和阶层等社会环境的影响，是多重社会因素的组合（Lee，1994：220）。社会建构视角的社会工作强调日常的话语和主流观点才是影响人们想法的关键因素（White and Epston，1990：10）。尽管不同的社会工作理论学派对“人在情境中”的社会工作内涵做了不同的延伸，强调环境具有多种不同的内涵，但是他们仍然把人与环境的关系作为社会工作专业实践的核心。

由于西方专业社会工作把人与环境的关系视为“人在情境中”的核心内涵，它就不自觉地采取一种适应逻辑，即强调人与环境之间的相互适应，以避免由两者不相适应而产生问题。具体而言，西方专业社会工作针对“人在情境中”有三种常见的适应逻辑。第一种是注重人适应环境，即通过调整人的内部心理去适应外部的环境，消除人在适应过程中出现的心理困扰。这种适应逻辑偏向于心理层面的干预。第二种是关注环境适应人，即借助社会支持网络的建设、社会歧视的消除和社会公平的倡导等方式保证为困弱人群提供良好的社会支持环境，避免因环境保障缺失而带来的问题。这种适应逻辑偏向于社会层面的干预。第三种是强调人与环境相互适应，即通过改善人与环境或者人与人之间的关系实现双方的平衡发展，避免由双方不平衡的发展要求导致关系失衡问题的产生。这种适应逻辑侧重生态或者人际层面的干预。

借助这三种适应逻辑，西方专业社会工作者就能够帮助服务对象解决他们在与环境相互适应过程中出现的问题。显然，此时所说的问题是指人们的诉求与环境现实之间存在着差异，从而导致人们在现实环境阻碍面前无法满足自己的需求。此时所说的问题解决则是指人们通过调整自己的心理状态、外部环境的社会支持或者人与环境的关系，重新找到自身与环境相互适应的关系，从而解决面临的问题。可见，“人在情境中”这一理论假设不仅把人与环境的关系作为社会工作实现专业性的核心，而且将服务对象在人与环境相互适应过程中面临的问题及其问题解决过程视为社会工作专业实践的关键技术。

四、问题解决与社会工作的专业性

依据“人在情境中”这一基本理论假设，社会工作与心理治疗就有了明确的区分。社会工作关注人与环境之间的关系，注重人们现实问题的解决，它的目的是帮助人们重新回归家庭和社会。这与心理治疗明显不同。心理治疗关注人们自身的感受，注重人们内在心理结构的改善，从而帮助人们找回健康的心理状态，它的目的是协助人们消除心理困扰。如果说社会工作注重的是人与环境之间的相互影响，是人的一种外在的客观现实关系，那么心理治疗注重的就是人与自我之间的对话，是人的一种内在的主观经验关系。可以说，社会工作是以人与环境的关系为中心的，而心理治疗是以人为中心的。同样，借助“人在情境中”这一基本原理，社会工作与社会学分析也有了明确的区分。社会工作注重的是人如何在现实环境中发挥自身的主动性，克服人与环境之间存在的冲突。尽管社会学分析也关注现实环境对人的影响，但是它缺乏对人如何在现实环境中发挥自身主动性的考察。显然，正是因为确立了“人在情境中”这一基本理论假设，社会工作才拥有了自身的专业性，既区别于心理治疗，也不同于社会学分析，它走的是介于心理与社会之间的专业化道路。

值得注意的是，尽管西方专业社会工作从创建之初就把“人在情境中”作为基本的理论假设，但是在实践层面，由于受到科学实证主义思想的影响，人们常常把“人在情境中”简单理解为人与环境之间的相互适应。这样，社会工作的专业性就无可避免地陷入质疑声中。一旦人们关注如何帮助人去适应环境，就会注重人的心理层面的调适，甚至不自觉地把社会工作等同于心理治疗。如果人们强调从环境入手去适应人的发展要求，就会注重人的社会层面的改善，常常不自觉地把社会工作等同于社会学分析。正因为如此，社会工作的专业性才变得模糊不清，始终处于左右摇摆中：有时注重心理层面的干预，有时又关注社会层面的改善，而且一旦人们过于关注心理层面的干预，就会遭受来自社会层面的怀疑；一旦人们过于注重社会层面的改善，又会面临来自心理层面提出的疑问。在这样的左右摇摆和争执之中，社会工作者不仅常常丢失自己的专业性，而且时常陷于专业实践的两难困境中，看不到社会工作专业实践的可能性，甚至怀疑它存在的必要性。

实际上，不少西方社会工作学者对此也存在疑问，他们认为，与心理治疗相比，社会工作是一种浅显的助人活动，因为社会工作不涉及人们内在自我的改变，只是帮助人们找到理性的自我，以便帮助人们找到直接解决现实问题的办法，从而能够应对外部环境的挑战（Goldstein，1996：199）。尽管这种只关注人们理性适应外部环境的社会工作能够在短时间内帮助人们解决实际问题，甚至取得明显的成效，但是由于缺乏对人们内在自我心理结构的考察和相应的干预策略，因而社会工作专业实践必定流于表面，不仅趋于势利化，只关注能够得到的直接利益，而且缺乏必要的人文关怀，忽视专业实践的可持续性和发展性。

五、标准化问题解决与场景中问题解决的异同

建立在科学实证主义之上的传统问题解决追求的是普遍化和一致化的问题解决方式，它需要将那些与场景相关联的因素剔除在考察的范围之外，因为场景具有有限性和变动性，这与普遍化和一致化的科学追求目标相违背。从这一点来考察就会发现，传统的标准化问题解决与场景中问题解决形成鲜明的对比，两者的区别主要体现在以下两个方面：一是问题的界定。传统的标准化问题解决要求问题能够超越时空条件的限制，具有普遍性和一致性。而场景中问题解决针对的是场景中的问题，这种问题具有时空条件的限制，是人们在特定现实生活场景中遭遇的具体问题。它既与人们所处的具体现实生活场景有关，也与人们自身拥有的应对能力有关，是两者在相互影响过程中产生的问题。这种问题具有时空性和变动性，与传统的标准化问题解决所针对的问题不同。可以说，场景中问题解决的问题是生活的具体问题，而传统的标准化问题解决的问题是生活的异常问题。二是问题的解决。场景中问题解决是在现实生活场景中寻找问题解决的方法，它需要人们采取一种有利于利益相关方的问题解决的逻辑，即“利益相关方+问题解决”。在现实生活场景中，只针对具体的问题开展解决的行动尝试，必然遭受挫败，因为此时的问题解决不仅与服务对象相关联，而且与利益相关方相关联。这种只顾自己而不管周围他人的标准化问题解决方式必然引发人与人之间的冲突，最终在现实生活场景中无法被推行下去。传统的标准化问题解决像是在真空中实施的行动尝试，只针对问题，不管问题产生的现实环境。

尽管场景中问题解决与传统的标准化问题解决存在根本的差异，但是两者都把问题解决作为社会工作专业实践的核心，认为人在与环境相互影响的过程中会遇到各种各样的问题，这些问题会阻碍人的行动目标的实现，导致人在特定现实生活场景中的功能无法顺利发挥出来：如果在家庭中，就是家庭功能的缺失；如果在社区中，就是社会功能的不足。显然，

人们只有通过问题解决，才能修补自己缺失的功能，加强自己与环境的联系。这意味着，社会工作专业实践不同于心理治疗，它是以人们在现实生活场景中的横向的现实关系为基础的专业干预，目的是提升人们在现实生活场景中适应环境的能力。因此，社会工作在专业化过程中也就有了“人在情境中”的基本理论假设。这样，无论是场景中的问题解决还是传统的标准化问题解决，都是以人与环境的互动关系为基础建立起来的专业实践模式，它们有了对人及其改变基础的共同理解。可见，问题解决不是把问题解决掉那么简单，而是社会工作与心理治疗的分界点，这表明社会工作专业实践关注现实生活中人的成长改变，即人应对现实环境能力的提升。

正因为如此，场景中问题解决恰恰是对传统的标准化问题解决的深化，它让人们的成长改变与现实生活的连接更加紧密。无论是问题界定还是问题解决，都有了融入现实生活场景和推动现实生活场景改变的要求，需要人们在具体的现实生活场景中完成，不能从具体的现实生活场景中抽离出来抽象地讨论问题的界定和解决。此时的问题界定和问题解决是特定现实生活场景中具体实际问题的界定和解决过程，虽然它同样是问题的界定和解决的过程，但是有了自身独特的要求，需要结合对复杂、变化的现实生活场景进行的观察和分析。为此，我国社会工作者，即注重在具体现实生活场景中寻找问题解决方法的专业实践者就需要做到四个方面的转变：一是观察视角的转变，始终把人与具体的现实生活场景联系起来，既不单独分析人，也不单独分析环境，避免空泛地讨论人与环境；二是问题内涵的转变，始终把问题放在具体的现实生活场景中来理解，既关注与问题相关联的具体的人，也关注与问题相关联的现实的环境，视问题为具体的、变动的；三是解决焦点的转变，始终把问题解决放在具体的现实生活场景中来推进，既注意问题中不可以解决的部分，也注意问题中可以解决的部分，避免过度夸大问题中的困难或者问题解决中的优势；四是解决方式的转变，始终把可以解决的问题放在具体的现实生活场景中来考察，既注重现实生活场景中实际问题的解决，也注重与问题相关联的利益相关方的协同。

可见，场景中问题解决既是对传统的标准化问题解决的传承，把人与环境之间的相互影响视为社会工作专业实践的核心，也是对传统的标准化问题解决的深化，推动社会工作专业实践深入人们的社区现实生活中，从而与我国的基层治理创新实践紧密结合起来，让我国社会工作有了专业实践的历史基础和学理依据。

六、场景中问题解决与场景化

实际上，在社区现实生活中遭遇问题时，人们常常不自觉地直接针对问题采用传统的标准化问题解决的行动尝试方式，即遭遇什么问题，就解决什么问题。这种问题解决方式看起来直截了当，似乎是最简单、最有效的方式，也是人们最喜欢、最习惯的方式，但是把它放到现实生活场景中考察时就会发现，这种传统的标准化问题解决方式只适合生活中的异常问题，即那种可以从现实生活场景中抽离的普遍化问题；而对于生活中的具体问题，如果采用这种传统的标准化问题解决方式，就无法解决这种场景化的问题，容易忽视问题的复杂性和变动性，甚至会导致更多、更大问题的出现。显然，要想在现实生活场景中突破这种传统的标准化问题解决方式的困境，我国社会工作者就需要学会场景化的技术，把问题解决过程与具体的现实生活场景紧密结合起来，协助人们通过问题解决方式融入现实生活场景，并且学会在现实生活场景中拓展自己的成长改变空间。

场景化是与类型化相对立的。通过类型化，人们的成长改变要求就会从具体的现实生活场景中被逐渐抽离，成为社会工作的干预对象，从而必然导致这样的分析缺乏对问题复杂性和变动性的思考。显然，在场景化的要求下，我国社会工作者需要避免采用类型化的问题解决策略，既不能通过人们的心理需求这种心理类型化的方式开始社会工作专业实践，也不能通过人们的社会需求这种社会类型化的方式实施社会工作专业干预，而要介于两者之间，通过将心理与社会相结合的方式推进社会工作专业实践。通常而言，人们在与社会工作者的沟通过程中会不自觉地将自己在现实生活场景中遭遇的问题归结为是由自己或者周围环境造成的，并且由此寻找问题解决的方法，采用的是一种类型化的思维方式。面对这样的情况，社会工作者就需要采取场景化的策略，将人们的类型化归因转化为具体的应对行动，采取从应对行动入手的方法推进专业实践，促使人们将改变的动力与具体现实生活场景中的实际要求结合起来。

应对行动与心理治疗和社会分析不同，它是人们在具体现实生活场景中的行动应对方式，介于心理和社会之间，既与个人的心理相关联，需要人们做出行动尝试，也与环境相联系，需要人们结合环境的现实要求。正因为如此，应对行动也就具有了改变心理和社会类型化解释的功能。一旦人们将自己在现实生活场景中遭遇的问题描述为是由个人心理原因造成的，社会工作者就可以从人们的心理入手，将心理与具体的应对行动联系起来。例如，社会工作者可以询问人们，在做什么事情的时候这种心理感受很强烈，或者有了这种心理感受之后，做什么事情的时候会遇到困难等。这样，人们就不会陷于只描述心理感受而找不到出路，能够避免因再次描述内心感受而加剧人与环境之间的冲突。同样，当人们将自己在现实生活场景中遭遇的问题归结为是由环境因素造成的时，社会工作者也不能停留在对环境因素的分析上，而需要把人们所说的环境因素与他们的具体应对行动结合起来，让人们看到环境因素产生的具体现实生活场景。例如，社会工作者可以这样询问人们，是在做什么事情的时候发现这些环境阻碍因素的，或者在这些环境阻碍因素的作用下，在做自己想做的什么事情的时候会遇到困难等。显然，场景化的目的是通过询问人们在具体现实生活场景中遭遇某件事情时所采取的应对行动，帮助人们重新找回具体现实生活场景中人的自主性。

为了进一步激发人们在具体现实生活场景中的自主性，社会工作者可以在应对行动提问的基础上增添事件提问，即针对人们在现实生活场景中遭遇的某件事情的行动应对方式进行提问，帮助人们聚焦某一具体的事件，寻找更加有效的方式来应对具体事件，让人们的主体性能够更好地呈现出来。例如，社会工作者可以询问人们，最近一次这种不好的心理感受是在做什么事情的时候出现的，或者感受最深的一次是在做什么事情的时候出现的，等等。针对人们对环境的抱怨也一样，社会工作者可以运用类似的提问方式帮助人们找回自己的主体性，询问他们最近在做哪件事情的时候这种环境的阻碍非常明显，或者这样的环境阻碍对他们目前做哪件事情的影响较为突出等。这样，通过事件提问，社会工作者就能够协助人们重新审视某个具体事件，找回具体事件中自己能够尝试的更加有效的行动应对方式。

七、场景化问题解决的学理依据

场景化问题解决就是借助场景化将追求普遍化和一致化的问题解决下沉到人们的社区日常生活中，帮助人们在具体的现实生活场景中寻找有针对性和实效性的问题解决方法，让人们既能够应对不断变化的多样化和多元化的社区日常生活的现实环境，也能够在具体的现实生活场景中找到可以发挥自身主体作用的现实空间，从而使人们成为社区日常生活的积极参与者和推动者。显然，场景化问题解决是场景化与问题解决的结合：一方面传承了传统的标准化问题解决的基本原理，视人与环境之间的现实联结为社会工作的专业核心，以区别于心理治疗和社会学分析；另一方面将问题解决与社区的日常生活紧密结合起来，融入我国基层治理的实践中，深化传统的标准化问题解决的内涵，让社会工作能够聚焦不断变化的现实生活场景中人的主体性的提升，真正实现自社会工作诞生之日起就倡导的“助人自助”的专业目标。

在场景化问题解决的实践逻辑下，尽管人与环境之间的现实联结是社会工作专业的核心，但是它的内涵已经不再是“人在情境中”这一社会工作基本理论假设所强调的人与环境相互适应的要求，而具有了三个方面的转变：一是假设人始终处在“情境中”，根本无法从具体的现实生活场景中抽离出来；二是假设情境是不断变化的，无法完全被人们认识；三是假设在不断变化的现实“情境中”，人们随时需要做出自己的行动选择，具有一定的自主性。正因为如此，场景化问题解决的实践逻辑依据的基本理论假设是“情境中的人”，它不是简单地将人与情境的位置做了调换，把情境放在第一位、人放在第二位，而是不再通过人去界定情境，强调借助情境去界定人。一旦通过人去界定情境，这样的人就只能是抽象的人，由抽象的人界定的情境也只能是抽象的情境。如果通过情境去界定人，情况正好相反，此时的人因为与具体的情境相关联，所以人也成为具体的人。更加重要的是，通过情境去界定人，人们就能够突破人与环境二元对立的科学实证主义观察视角的束缚，不仅能够面对不断变化的社区日常生活的现实环境，而且能够在其中看到自己可以发挥积极作用的现实空间，从被动地适应环境转变成主动地创造生活，有了行动选择的自主性。

依据“情境中的人”来审视人与环境的关系就会发现，人与环境是不能拆分开来的，人是环境中的人，环境是人随时需要回应的挑战。人与环境不是相互适应的关系，而是人在面对环境挑战时需要做出行动选择的关系。这样的关系既受到具体环境条件的限制，也具有一定的行动选择的自主性。一旦人们的行动选择与环境条件相左，这样的行动选择就会遭遇环境的阻碍，不仅无法达到预期的成效，而且常常出现越努力成效越差的现象，导致人们行动选择的自主性受损，即人们感受到自己无论怎么努力，都无法改变自己的现实生活。只有当人们的行动选择能够与环境的变化协同时，人们的努力才能够影响行动成效，人们行动选择的自主性才能增强。可见，“情境中的人”依据的是人与环境协同改变的观察视角，它除了强调现实环境对人的影响，还特别关注人在具体现实生活场景中的行动选择，包括对其中不可改变的接纳和可改变的尝试，具有了个别化探索的意味，以实现人与环境的协同改变。

显然，社会工作就是一门以人与环境的现实关联为核心，注重人的现实改变的学科，表现为人们现实问题的解决。只是西方社会工作的专业化走了一条科学实证主义的发展道路，关注从日常生活中抽离的、具有普遍化特征的异常问题的解决，而我国社会工作的专业实践是在人们的社区日常生活中开展的，它注重的是具体现实生活场景中的问题解决，即一种场景化问题解决，它走了一条人与环境协同改变的发展道路。

八、结　论

随着我国社会管理体制改革的深入，社会工作经历了十几年的职业化和专业化快速发展，逐渐成为我国基层治理的一支重要专业力量。在社区日常生活的现实场景中开展专业实践成了我国社会工作的基本特征。这样，我国社会工作一方面面临因专业实践下沉社区日常生活带来的过度行政化的威胁和专业合作边界不清的难题，另一方面又面临由专业实践场域的变化导致的专业内涵模糊和专业实践流于形式的困境。为此，我们有必要就“人在情境中”这一社会工作的基本理论假设进行审视，以便能够明确社会工作的专业核心，找到在社区日常生活的现实场景中开展专业实践的中国社会工作的实践逻辑和学理依据。

通过回顾西方专业社会工作创建“人在情境中”这一社会工作基本理论假设的发展历程可以看到，西方专业社会工作始终把人与环境的现实联系作为社会工作的专业核心，强调人的现实问题解决，以区别于心理治疗和社会学分析。但是，在实际操作层面，由于西方专业社会工作走了一条科学实证主义的专业化发展道路，关注人们从日常生活中抽离的、普遍化的异常问题的解决，把人与环境视为二元对立的，强调人与环境之间的适应关系，即“人在情境中”。尽管20世纪60年代之后，西方众多的社会工作学者对社会工作的科学实证主义观察视角提出了修正，但是并没有摆脱二元对立的思维逻辑。正是在这种二元对立的思维逻辑影响下，西方专业社会工作出现了专业内涵界定左右摇摆的现象：要么注重通过人的心理调适去适应环境，关注人的心理层面的需求；要么注重通过人的社会支持建设来保障人的现实需求，关注人的社会层面的诉求。值得注意的是，中国社会工作是在社区日常生活的现实场景中开展专业实践的。它一方面需要延续西方有关社会工作专业内涵的界定，把关注加强人与环境现实联系的问题解决作为专业核心；另一方面需要通过场景化将传统的标准化问题解决融入人们的社区日常生活中，依托人与环境协同改变的“情境中的人”这一基本原理，创建场景化问题解决的服务模式，为中国社会工作找到可以与西方专业社会工作平等对话的自主知识逻辑。

参考文献

[1] 童敏，史天琪. 社会工作专业服务的本土框架和理论依据：一项本土专业服务场

域的动态分析［J］. 中国农业大学学报（社会科学版），2017，34（3）：102－109.
［2］童敏，周晓彤. 中国式现代化道路与中国社会工作理论转型［J］. 社会工作，2023（1）：10－21.
［3］牛犁耘，秦永超. 服务治理与支持建构："五社联动"中社会工作行动的困境与突围［J］. 学习论坛，2023（4）：94－100.
［4］任文启. 社区治理抑或社区营造："三社联动"的理论脉络与实践反思［J］. 社会建设，2017，4（6）：16－28.
［5］郑广怀. 教育引领还是教育降维：社会工作教育先行的反思［J］. 学海，2020（1）：106－112.
［6］文军，方淑敏. 社会工作专业自主性困境及其行动策略：基于社区治理中互动场域视角的分析［J］. 学术界，2022（12）：72－82.
［7］童敏，杜经国. 现实建构主义：基层治理社会工作的实践逻辑及理论依据［J］. 社会工作，2022（6）：1－15.
［8］刘振，徐选国. 走出三重依附：中国社会工作学科自主性的历史建构［J］. 学海，2021（2）：159－165.
［9］黄泓，黎春娴. 乡镇社工站助力乡村振兴存在的问题及建议［J］. 中国社会工作，2022（16）：27－28.
［10］李富强，张曙. 乡村振兴战略下乡镇（街道）社工站服务模式探析［J］. 社会工作与管理，2023，23（5）：46－55.
［11］陈涛. 乡镇（街道）社工站制度：中国本土社会工作服务制度的基石［J］. 中国社会工作，2023（16）：7.
［12］杜英姿，郭文治. 福建省莆田市："党建+"社区邻里中心提升基层治理效能［N］. 中国城市报，2021－02－01（31）.
［13］童敏，周燚. 从需求导向到问题导向：社会工作"中国道路"的专业合法性考察［J］. 社会工作，2019（4）：3－12.
［14］李晓凤. 党建引领下中国特色社区社会工作实践体系探索：以深圳市社区党群服务中心实务经验为例［J］. 中国社会工作，2019（22）：24－25.
［15］童敏，刘芳. 基层治理与中国社会工作理论体系建构［J］. 河北学刊，2021，41（4）：30－36.
［16］STEIN L I, TEST M A. Alternative to mental hospital treatment：I conceptual model, treatment program, and clinical evaluation［J］. Archives of general psychiatry, 1980, 37（4）：392－397.
［17］MCGREW J H, BOND G R. Critical ingredients of assertive community treatment：judgments of the experts［J］. Journal of mental health administration, 1995, 22（2）：113－125.
［18］徐道稳. 中国社会工作行政化发展模式及其转型［J］. 社会科学，2017（10）：90－97.
［19］马丽，张国磊. 社会工作本土化的逻辑理路：基于"结构—机制"视角［J］. 华东理工大学学报（社会科学版），2021，36（5）：75－85.

[20] RICHMOND M E. Social diagnosis [M]. New York: Russell Sage Foundation, 1917.

[21] HAMILTON G. Theory and practice of social case work [M]. 2nd ed. New York: Columbia University Press, 1951.

[22] WOODS M E, HOLLIS F. Casework: a psychosocial theory [M]. 4th ed. New York: McGraw-Hill, 1990.

[23] GITTERMAN A, GERMAIN C B. The life model of social work practice: advances in theory and practice [M]. 3rd ed. New York: Columbia University Press, 2008.

[24] FREEDBERG S. Relational theory for social work practice: a feminist perspective [M]. New York: Routledge, 2009.

[25] LEE J A B. The empowerment approach to social work practice [M]. New York: Columbia University Press, 1994.

[26] WHITE M, EPSTON D. Narrative means to therapeutic ends [M]. New York: Norton, 1990.

[27] GOLDSTEIN E G. Ego psychology theory [M] //TURNER F J. Social work treatment: interlocking theoretical approaches. 4th ed. New York: The Free Press, 1996.

专题论文：发展性社会工作研究

居民生计市场化转型与发展性社会工作干预策略

郭伟和①

摘要：基于社会转型理论中的生计转型与社会保护、生计转型与群体身份、生计转型与社会治理三个经典议题，笔者对基层居民生计市场化转型过程中的市场资本、机会主义和身份政治三个理论问题进行了系统讨论。在此基础上，笔者回顾了西方发展性社会工作的干预策略，并对中国发展性社会工作的现状进行了讨论。笔者认为，中国式现代化下发展性社会工作应该协助基层居民积极面对生计市场化转型问题，增强市场化转型中的抗风险能力，避免陷入保守的撤退抵抗和激进的身份政治两个陷阱，协助基层居民适应中国式现代化，迈向共同富裕的美好生活。

关键词：中国式现代化；经典转型理论；生计市场化转型；发展性社会工作

党的二十大报告提出，以中国式现代化全面推进中华民族伟大复兴，并对中国式现代化的五大特征和本质要求进行了论述。围绕中国式现代化下基层居民生计的市场化转型问题，笔者对国内外有关社会转型的经典理论进行了回顾，并就基层居民生计问题的若干议题进行了深入讨论。同时，笔者对西方发展性社会工作的三个流派进行了评论，并结合中国发展性社会工作的实践探索，对中国式现代化下发展性社会工作的未来发展思路提出了自己的看法。

---

① 郭伟和，男，博士，中央民族大学民族学与社会学学院教授，研究方向为城乡社区发展、社会工作理论。

一、有关生计市场化转型的经典议题

自 19 世纪晚期社会学诞生以来，公认的经典社会学家有马克思、涂尔干和韦伯，他们分别开创了西方社会学的三大流派：政治经济学方向下的社会学流派、基于社会团结问题的社会学流派和基于行为理性化的社会学流派。这三大经典社会学流派在 20 世纪继续对社会转型理论产生重要影响，形成了西方社会批判理论、现代化理论和群体认同理论等。当然，经典社会学传统与当代社会转型理论不是一一对应的关系，而是相互借鉴、吸纳，从而形成了 20 世纪的一些重要社会理论。比如，法兰克福学派就是在综合了韦伯的理性化理论和马克思的劳动异化理论之后提出了社会批判理论；现代化理论的开创者之一、美国社会学家帕森斯（Parsons）主要是基于涂尔干的劳动分工论和韦伯的理性化理论，提出了传统与现代二元划分模式的社会系统理论；群体认同理论中的自我归类和社会表征理论则主要是基于涂尔干的社会分类和团结理论；民族国家认同理论则进一步融合了现代化理论、马克思主义文化霸权与公民社会理论，来建构民族国家的公民身份问题。这些理论流派之间的流变过程不是笔者讨论的重点，笔者将围绕 20 世纪后半期的生计市场化转型问题，分别就生计市场化转型与社会保护问题、生计市场化转型与群体身份建构问题、生计市场化转型与风险治理问题进行阐述。

（一）生计市场化转型与社会保护问题

有关生计转型理论影响最突出的一个代表是卡尔·波兰尼于 1944 年出版的《大转型：我们时代的政治与经济起源》。波兰尼（2007：29－49）以英国政治经济制度的转型过程为例，阐述了生计活动经过 17 世纪的重商主义政府干预和 18 世纪的自由主义论述，转变成 19 世纪的自我调节的市场化活动，这彻底打破了社会保护机制，导致基层生计不稳定和广泛的社会抵抗行为出现。波兰尼的理论虽然不是正统马克思主义的经济基础决定论，而是从社会文化对经济活动的主导作用出发，分析资本主义自由市场经济摆脱社会文化限制的过程及其对社会生活的影响，但是，波兰尼提供了分析经济活动与社会保护的辩证关系这么一对概念，为20世纪晚期西方社会学马克思主义对新自由主义下的全球市场经济的冲击提供了一种社会保护理论（布洛维，2007：188－287）。

如果说波兰尼的社会转型理论侧重于生计市场化及其与社会保护的辩证关系，那么帕森斯在《社会系统》一书中描述的理论则较为综合地论述了价值、目标、行动和社会整合的系统理论。在《社会系统》一书中，帕森斯重构了他在1937年提出的社会行动的结构模式，提出了一种新的行动系统理论，去阐述个体行动与互动的参考框架。在《社会系统》一书中，帕森斯（1991：43）提出了著名的模式变量概念，从五个方面去描述社会行动类型的不同：一是描述需求满足—纪律约束悖论的一对变量，即情感性对情感中立性；二是描述利益矛盾方面的一对变量，即自我利益导向对集体利益导向；三是描述价值导向类型选择的一对变量，即普遍主义对特殊主义；四是描述社会对象的模式选择的一对变量，即成就对归属；五是描述利益的范围界定的一对变量，即特定对弥散。他还区分出文化系统、人格系统和社会系统三个层次的系统。他认为，经过文化系统的内化转变为社会成员的人格系统，特定人格进入社会地位和角色系统，构成了个人行动的参考框架。以医疗职业为例，尽管职业人员是集体利益导向的，不同于现代商业人士的自我利益导向，但帕森斯（1991：292）提出，现代资本主义的职业人员的行动系统是一种成就导向的、普遍主义的、功能特定的、情感中立的行动模式，以区别于传统家庭和社区中身份归属的、特殊主义的、功能弥散性的、情感性行动模式。

20世纪50年代以后，西方国家流行的指导新兴民族国家生计发展转变的理论是现代化理论（李斯特，2011：86）。但是围绕现代化理论，一开始就存在着自由主义的亲市场发展理论和反市场化的社会保护理论的争论（波兰尼，2007）。现代化理论是个包罗万象的综合性理论，既包括技术革命和工业化问题，也包括经济技术主导下的社会结构的转型过程，以及人的心理态度、价值观、生活方式的深刻改变（罗荣渠，2009：37）。如果按照马克思的政治经济学范式进行社会结构划分，那么作为生产力基础的技术革命及其对应的生产关系调整是基础性问题，而社会文化模式和生活态度问题是上层建设问题。就经济基础而言，现代化理论的代表人物是美国经济学家沃尔特·W. 罗斯托，他在1960年出版的《经济增长的阶段：非共产党宣言》最为著名。罗斯托提出的相对抽象的经济增长阶段论，是基于冷战时期的两大阵营的竞争背景，所以该书以“非共产党宣言”作为副标题，就是要提出一种相对于马克思的共产党宣言性质的资本主义经济转型理论。罗斯托（2001）把经济转型分为传统经济阶段、起飞前的预备阶段、起飞阶段、起飞后的成熟阶段和大众消费阶段。实际上，罗斯托是以英美国家的经济发展为例，勾画出经济发展的一般阶段，试图给当时的第三世界提供一个发展模板（李斯特，2011：92－93）。

（二）生计市场化转型与群体身份建构问题

有关生计市场化转型过程和群体身份建构的研究思路，存在着自上而下的民族国家建构思路和自下而上的地方历史发展思路两种路径（杜赞奇，2009）。安德森（2003）和盖尔纳（2002）分别从现代教育传播手段和资本主义印刷传播手段的角度，提出了现代民族国家如何自上而下地构建民族共同体，实现民族国家认同和国民经济发展的现代化。但是，史密斯（2018）认为现代民族认同是有族群基础的，并不是凭空产生的。只不过，如果没有民族国家动员的现代化进程，各个地处自己传统生活根基的族群也不会有那么强烈的群体身份意识。恰恰是民族国家推动的现代化进程，一方面国家权力直接延伸到地方社会，由间接管理转变成直接管理，另一方面地方族群被卷入现代化进程，大范围的社会流动引发了族群身份的建构。后来的大部分学者都承认，民族发展和身份认同本就存在于始源性的地方族群之中，只不过在遭遇现代化之后，才进一步通过现代化手段来建构统一的国民身份（霍布斯鲍姆，2006：99；史密斯，2018：58）。

最关键的是，群体身份认同与群体极化现象是伴随市场化进程而加强的，越是参与大范围的社会流动和交往，越容易诱发原乡情结，进而产生群体身份和群体分化（伊罗生，2008）。更为关键的是，基于原乡情结的群体认同又会和性别、职业、阶层等分类标志相结合，形成交叉群体身份，产生各种身份政治策略，有时联盟、有时分裂，从而导致不同的社会后果（卡斯特，2006；史密斯，2018）。因此，研究生计市场化转型发展问题，必须关注群体认同的形成和相应的身份政治问题，因为这涉及市场秩序中的信任机制问题。只有实现从传统社区中的特殊主义的信任关系向市场活动中的陌生人之间的抽象信任机制的转变，才能顺利实现市场交易，降低交易成本。可现实问题恰恰是，人们在社会流动过程中通过与他人进行比较，才激发了群内认同和群与群之间的排斥机制，进而形成身份政治。这个深层机制的触发因素是什么呢？

按照亨廷顿（2009：54）的说法，这是现代社会文明发展的不平衡导致的。西方国家首先进行了现代化转型，这给其他文明制造了一种压力，导致了三种不同的反应方式：拒绝主义、基马尔主义（全盘接受西方现代化）和改良主义。但是，就算是接受西方现代化，这个发展过程也不是一帆风顺的。亨廷顿认为，对于其他文明来说，西方现代化道路可以分解为西方化和现代化两个维度，这两个维度的发展过程并不协调。亨廷顿（2009：55）指出，在变化的早期阶段，西方化促进了现代化。在后期阶段，现代化以两种方式促进了非西方化和本土文化的复兴。在社会层面，现代化增强了社会总体经济、军事和政治实力，鼓励这个社会的人民对自己的文化保持信心，从而成为文化的伸张者。在个人层面，当传统纽带和社会关系断裂时，现代化便造成了异化感和反常感，并导致了需要从宗教中寻求答案的认同危机。

霍布斯鲍姆提供了国家内部族群之间的身份政治的发生机制理论。霍布斯鲍姆认为，在 1945 年第二次世界大战之后建立的大部分新兴民族国家都存在不同的社会政治、文化传统和族群属性的区域划分。那么在这种多元文化族群共存的新兴国家里，彼此之间的发展是不均衡的。于是就会看到在新兴国家内部，不同族群之间的竞争和早期的民族国家独立不同。在谈到 20 世纪晚期各国出现的民族主义运动时，霍布斯鲍姆睿智地指出，这些新出现的民族矛盾根本不可能通过 19 世纪的民族自决运动来解决，因为这些民族矛盾恰恰是那些地方族群在融入现代社会过程中的相互排外和歧视激发的，不是因为他们具有明确的民族历史语言文化和经济模式问题。霍布斯鲍姆（2006：166）质疑到底是何因素引燃了防御性“反动”，且不管造成这类“反动”的威胁是真实的抑或想象的。答案是人口移动，加上快速、根本而又史无前例的社会经济变迁。简单地说，当今社会的族群矛盾和冲突，主要是由人口经济社会变迁中的利益矛盾引发的，变成一种保守的乃至“反动”的身份政治问题。

（三）生计市场化转型与风险治理问题

与生计市场化转型和经济发展问题相伴而生的一个问题是风险治理问题。当然，这里的治理不限于狭义的多中心的协商治理网络概念，而是指广义的有关经济和社会活动的调节规制问题。在处理发展与治理的关系问题上，经历了从20世纪60年代发展学派提倡的先发展后治理的思路，到20世纪90年代治理学派提倡的先治理后发展的转变，再到今天大家才认识到好的治理与发展绩效既是相互促进的（World Bank，1992），也是复杂的相互演化过程的思路（洪源远，2018：7－26）。

在18世纪西方古典理论时期，流行的治理理念是亚当·斯密的最小政府理论，以及霍布斯、约翰·洛克等的社会契约论，他们试图从经济活动的外部寻找一种调节社会秩序问题的哪怕是最小限度的政府调节规制理论（帕森斯，2008：90）。当然，与英美国家的自由主义政治经济学传统相对应的则是德法等大陆法系国家的综合性社会经济学研究传统。德国的国民经济学传统强调从历史的角度研究经济发展历史，后来提出社会经济，从社会的角度研究经济现象，尤其是韦伯在《经济与社会》一书中从经济与政治、经济与法律、经济与宗教等多个角度研究了现代资本主义经济制度理性化的演变过程（斯威德伯格，2007：35－74）。而法国社会学家涂尔干在《劳动分工论》中开创的传统，则是从契约关系的非契约基础的角度去研究经济秩序问题（涂尔干，2000：25）。

到20世纪后半期，伴随着现代化理论的发展和世界银行等国际组织对第三世界经济援助的检讨，这些经典理论中有关发展与治理关系的理论开始成为反思单纯的经济援助促进经济增长的狭隘经济中心主义的理论资源。世界银行在1989年对撒哈拉以南非洲经济的援助效果进行评估以后，发表了一篇题为《撒哈拉以南非洲：从危机到可持续增长》的报告，承认经济增长问题并不仅仅是一个资本投入和技术援助问题，还涉及受援助国家的政治和法律制度问题，认为非洲发展问题的核心是治理危机，必须进行多元制度的改革，完善治理结构、提升治理能力（威廉姆斯、杰克逊，2000：148－178）。从此以后，发展与治理的关系问题就成为一个不可回避的相互联系的辩证动态关系问题，不能再单纯地谈经济发展与治理体制问题。

当然，世界银行的报告和建议是从实用政策出发的，强调的是影响发展的法律框架和行政官员的执政能力等治理结构与治理能力问题（威廉姆斯、杰克逊，2000：148－178）。埃文斯（Evans，1995：50）提出的嵌入性自主概念则把政府治理结构与民间企业治理结构联系起来，试图解释东亚国家发展的奇迹，以及自由市场机制与政府威权机制之间的张力机制问题。在此基础上，埃文斯（1997：3）进一步倡导分析世界不同国家的政府与社会的协力发展关系问题，以消除基于哈贝马斯的市民社会理论中的政府与社会的相互监督的紧张关系。

从微观上研究经济活动绩效与治理结构之间关系的理论家当数交易成本经济的开创者奥利弗·E. 威廉姆森（Oliver E. Williamson）。他把微观的市场交易行为与微观治理结构匹配起来，解决交易成本问题，提升经济发展绩效。威廉姆森认为，经济发展通过资金和技术投入来提升生产效率（这基本上不是经济学问题），其关键是科斯（Coase）提出的如何降低经济活动交易成本的问题（这才是经济学问题）。威廉姆森（2004：111－112）首先把影响交易成本的因素区分为交易伙伴的信息对称问题、交易频次和交易对象的资产专用属性问题，然后把这三类因素组合起来，形成了三种不同交易类型和治理结构：对于彼此熟悉的普通商品的多次交易，交易成本比较低，可以通过市场机制进行治理；对于彼此不熟悉的交易不常发生的资产专属商品，则要通过双边关系契约来进行治理；如果资产专属性较强，又需要频繁交易，那么最好通过一体化战略合并到一个组织，通过行政手段进行治理。

格兰诺维特认为，威廉姆森的治理问题核心是交易伙伴之间的信任问题，尤其是涉及资产专用属性的商品交易，交易伙伴之间必须建立可信承诺，才能解决交易双方之间的机会主义自利行为风险。那么，这个信任机制的建立在于社会学所说的社会资本问题。所以，社会学家把经济行为治理与社会关系网络联系起来，分析市场转型中的信任、权力和制度绩效问题（格兰诺维特，2007：8－15）。这就进一步推进了发展与治理问题的微观机制研究，从社会关系、社会文化角度去分析经济、政治、法律制度的运行机制中的共同的核心问题——信任问题。如果没法实现由传统社会的特殊主义的信任关系向现代社会的陌生人之间的抽象信任机制的转变，那么任何经济、政治、法律制度都会存在巨大的执行成本（格兰诺维特，2019：122－127）。

二、生计转型中的市场、资本、行为风险与身份政治问题

20世纪晚期以来，社会科学研究从宏观理论和政策研究走向社会实践过程和机制研究（孙立平，2002；黄宗智，2005；周雪光，2017）。基层居民生计问题成为研究社会转型和政策干预的焦点。目前流行的有关生计研究的分析框架是英国国际发展部（DFID，2000）提出的可持续生计研究框架，这个分析框架奠定于市场化转型带来的居民生计脆弱性，并试图通过家庭能力建设，提高家庭资产的动员转换水平，改善家庭生计（Ashley and Carney，1999；Bebbington，1999）。但是这个分析框架基本是以市场化转型为前提的，既没有深入分析生计转型与市场、资本的关系问题，也没有阐述清楚生计市场化转型中的行为方式和身份认同的风险发生机制问题。基于上述生计市场化转型的经典理论，研究居民生计市场化转型问题，一方面需要阐述清楚生计与市场和资本的关系问题，另一方面，尤其需要积极应对新自由主义全球化导致的机会主义行为风险和群体分化后的身份政治问题。

（一）生计市场化转型与外部市场和资本的关系问题

围绕家庭生计问题，前述“后发展”理论多批判、解构市场和资本的现代进步意义（埃斯科瓦尔，2011），大部分“后发展”理论都来自文化相对主义的文化多元论，强调生计问题与地方社区文化的相互嵌入，并由此赋予生计活动某种道义属性（斯科特，2001）。一旦把生计问题与地方社区文化进行强联系，人们就会成为格兰诺维特所说的高度社会化的“文化傀儡”，无法再对自己的生计目标和策略做出理性的选择。当然，道义经济模式必然与理性主义分析思路发生直接冲突。理性主义认为，即使是传统小农，他们也都是高度经济理智的，会根据自身利益最大化来做出恰当的决策（Popkin，1979）。实际上，格兰诺维特（2019：80－86）说得有道理，无论是传统小农，还是现代市民，一方面其行为受特定社会关系网络及其文化规范的影响，另一方面其行为具有一定的主动性和理性化，可以做出比较明智的决策。

抛开文化论和理性主义的争论，研究乡村居民生计问题还需要考虑马克思主义所说的资本市场体系的支配关系问题。沿着经典马克思主义理论，无论是西欧的庄园农业，还是亚细亚的小农经济模式，都要经历被现代资本主义工业侵蚀而瓦解破产，分化成资产阶级和被雇佣的无产阶级这一过程。尽管后来的更加细致的经济史研究发现，地中海沿岸早期的经济活动并不都是庄园地主经济，而是存在着多重经济形态，既有日常的生计劳动，也有市场贸易网络，还有那些凌驾于前两者之上的垄断性资本经营活动（布罗代尔，2017）。资本主义并不能仅仅靠一个国家的内部市场分工和劳动积累，还要靠一个跨越国家的资本主义世界分工体系，才能为资本积累和工业革命创造出更大规模的市场范围、廉价劳动力和原材料的来源地（沃勒斯坦，1998）。在融入现代资本主义体系的过程中，不同国家在世界体系中的位置不同，小农进入市场分工和资本劳动关系的途径、方式也各不相同：有的可能分化成资本主义经营农场和雇佣工人；有的继续保留小农经济形式，但是其生产资料和劳动产品已经被资本主导的市场体系控制；有的则能够组建成一些合作社或者农民协会，对农产品市场具有一定的控制力（伯恩斯坦，2011：133－173）。

总之，乡村居民的家庭生计是受文化规范、市场交易和资本力量等多种因素影响的。至少在中国西南地区和东南地区，乡村居民很早就参与到地方市场网络，并通过市场交易来改善家庭生计（施坚雅，1998）。费孝通先生在20世纪三四十年代对江苏吴江开弦弓村和云南三村进行研究后，就已经发现中国农民家庭生计问题是与地方市场网络联系在一起的，并且提出了以工、副业补农业的乡土经济模式（费孝通，2012；费孝通、张之毅，2006）。正如阿里吉（2009：361）所言，东亚国家人多地少，为解决土地不足问题，这些国家一直依靠勤劳革命和劳动分工基础上的市场交易来改善生计。当然，对于中国传统小农的劳动效率问题，因为缺少非农就业机会，始终存在着边际生产效率递减的内卷化问题（黄宗智，2000：11－15）。因此，参与市场交易始终是小农改善生计状况的重要活动之一。

市场交易并不等于资本主导下的劳动分工体系，但是两者很容易在形式上被混淆。在处理市场交易与资本垄断的关系问题上，主流的西方经济学教科书是通过市场的竞争程度来区分理想的充分竞争市场、可竞争性市场、垄断性市场的。马克思主义政治经济学则首先区分出生产领域和交换领域，分别谈生产领域的剥削关系和商品市场的不等价交换的超额利润问题。按照上述理论，如果小农是自耕农，就不存在生产领域的剥削；如果小农参与的地方市场网络是充分竞争的，也就不存在超额垄断利润。所以，无论是20世纪三四十年代，还是20世纪80年代，费孝通先生都一直关心地方市场网络和小城镇建设问题，因为建立在独立自主经营基础上的活跃的地方市场网络是有利于乡村居民生计改善的（费孝通，2019：139）。但是这种理想的地方市场网络建立在均衡的地区资源禀赋和均衡的劳动生产效率基础上，否则的话，就会存在劳动力和商品的地区流动。显然，不管是中华人民共和国成立前的城乡经济结构，还是中华人民共和国成立后的城乡产业结构，都存在城乡发展不均衡问题。因此，一旦放开城乡流动的控制，通过城乡贸易和就业改善生计就成为乡村居民的积极选择（项飚，2000：434－440）。如何避免城乡商品和劳动流动中的剥削支配问题就成了新的问题，有人发现可以通过特殊人际关系网络的蜂巢市场结构来解决公平贸易问题（叶敬忠、贺聪志，2019）。除了通过城乡贸易和就业改善生计，人们发现伴随着消费结构升级，当前的农户生产劳动模式正在走出传统的劳动密集型模式，出现了资本与劳动双密集型模式，提高了劳动生产率（黄宗智、高原、彭玉生，2012）。有人希望通过进一步扶持资本和劳动双密集型的中等农户，解决龙头企业资本下乡导致的垄断问题（贺雪峰，2015）。当然，这个思路能否解决资本下乡导致的小农分化产生的劳动剥削问题，以及改善不公平的市场贸易和就业关系，还有待进一步观察。

（二）生计市场化转型中的机会主义行为风险问题

除了从效率与公平角度关注资本、市场与生计的关系问题，假如我们还能控制住资本、土地和劳动力三种虚拟商品，避免农民破产和无产阶级化，只是鼓励普通商品交易，是否就能解决波兰尼所说的非人性化问题？沿着波兰尼所说的交易的匿名化分析框架，人类学家萨林斯（2009：220－221）指出，古代社会本来就存在慷慨性互惠、等价互惠和消极互惠等多种互惠模式，而互惠交换中的慷慨、公平程度正是由社会关系的距离决定的。然而，现代化的基本特征正是交通、通信技术的发达所带来的社会流动，使人们的生计活动和生活范围摆脱了地域限制，进入一个个体化、远距离的社会交换过程（吉登斯，2000a）。随着远距离、预期交易的出现，人们必须构建涂尔干所说的市场交易的社会基础，以解决市场交易中的信任机制问题（涂尔干，2000：25）。

为解决陌生人之间在合作过程中因信息不对称而出现的囚徒困境问题，理性主义假定了一个策略性博弈模式：通过计算机模拟竞赛，在信息不对称的情况下，实现合作的规则其实很简单，就是一报还一报（阿克塞尔罗德，2017）。然而，一报还一报是一种重复博弈下的自然演进的结果，如果交易频次少，交易物品具有专属物品属性，就会存在机会主义行为风险问题。为此，交易成本经济学提出通过不同的合约治理结构来解决合约履行中的机会主义行为风险问题。威廉姆森（2004：112）根据交易属性提出了不同的合约治理结构：对于普通商品的多次交易类型，通过古典合约就可以治理交易中的机会主义风险；对于具有资产专用属性且交易频次又多的商品，可以通过一体化战略，采取行政治理；对于具有资产专用属性且交易频次不多的商品，则适合通过相互抵押的关系性合约，或者第三方仲裁治理。

所谓关系性合约，就是指交易双方要由一种陌生人状态通过某种纽带形成相互依赖的关系。对于经济学界来说，这种纽带就是互购关系、相互抵押关系等可以减少投机风险的多重经济关系。但是，对于社会学界而言，关系性合约可以通过非经济性的社会关系来治理经济性合约，从而降低交易成本。这就把社会关系网络带到交易过程中，把合约治理嵌入社会关系网络和非正式规则中，以解决信任问题。人们发现一些特殊的贸易往来通常都是在相对紧密的强关系网络中形成的，合约的履行主要靠圈子中的文化规则来约束（格兰诺维特，2019：122）。奥斯特罗姆（2012：286－315）对公共池塘资源利用中的绩效问题进行了研究，发现有关公共资源的利用规则、违约的惩罚机制、监督执行机制等制度规则，都需要建立在更高阶序的制度供应层次的宪法规则之上，而宪法规则又是与这个群体的社会关系和文化规范联系在一起的。帕特南（2015）对意大利不同地区的民主制度改革的治理绩效进行了比较研究，发现即使经过了同样的制度改革，各地的治理绩效差别仍然较大，这与该地区的社会资本和信任水平有关。

这似乎又回到了人类学家所强调的社会距离变量，即关系越近，信任度越高，机会主义风险越低。那么如何建构陌生人之间的抽象的信任关系呢？其实帕特南（2011）后来对美国社会资本的测量就已经不再限于类似打保龄球这样的小圈子的文化规范，而是涉及俱乐部公民组织和参加投票等政治活动。但是，他并没有解释清楚形成抽象信任之类的社会资本的机制是什么。格兰诺维特（2019）认为，要么在高度社会化的文化塑造下形成抽象的信任关系，要么通过一些中介纽带，逐渐由小范围的信任关系扩大到较大范围的社会结构和组织中。另外一些人指出，现代社会的抽象信任关系主要是公众认可的国家的行政体系和法律体系产生的客观公正观念带来的社会后果。当然，依靠制度合法性产生的信任总是伴随着潜在风险的。国内有关市场转型中的行为风险及其治理研究也基本上沿着利益博弈及其与规范博弈的关系展开（刘世定、严俊、刘玉照，2022），资本下乡的成功与否也取决于资本与所在社区的社会文化规范的尊重与利用程度高低（徐宗阳，2016）。在此基础上，有人试图从社会结构转型、关系理论、产权结构、劳工形成、城镇化、政商关系等方面系统总结中国经济社会学的标志性成果，并分析背后的国家、家庭与关系这三种“元制度”对经济活动的广泛影响（杨典、向静林，2022）。这虽然与西方社会理论有所不同，但是如果从熟人之间的信任关系到抽象的规范性信任关系来看，其背后的分析思路又是一致的。

（三）生计市场化转型中的身份政治问题

一旦人们发现市场交易和互惠合作中的信任问题是与社会资本联系在一起的，而社会资本又是与特定的社交网络联系在一起的，那么个体的自我归类和集体身份就会成为家庭生计市场化进程研究中的另一个重要的内生问题。帕特南（2011）在有关社会资本的研究中特别强调封闭性社会资本与链接性社会资本的不同，就是要区分出什么样的社会资本是促进合作互助的，什么样的社会资本是导致分裂对抗的。其实，从社会网络的密度与结构出发分析社会资本对社会行动的影响，要比从一个抽象的社会资本概念分类出发更有启发。格兰诺维特（2019：24－26）早期提出的社会网络的强弱关系对社会行动产生了不同的影响：强关系更有利于产生行为规范，对网络成员产生普遍的压力；而弱关系可以提供有效信息，有助于网络成员获取新的行动路线和机会。借用伯特（Burt，1992）提到的“结构洞”这一概念来形容，就是位居结构洞的人能够把两个密集的社会网桥接起来，更容易借助两个网络的信息和机会产生竞争优势。但是，格兰诺维特和伯特都没有进一步分析，如果强关系网络的内部规范强调的是内聚力，惩罚泄密者和自利者，那么位居结构洞和掌握弱关系的人可能就不会处于有利位置，具有竞争优势，相反，会成为被排斥的弱势者。波茨（Portes，1998）就曾经对底层社会非正式经济中的社会资本进行研究，指出了这类社会资本的内部结构对个体成员的行动可能产生的弊端：限制个体自由、排斥异己成员、严格的惩罚机制和反对主流规范。何以如此呢？这就涉及社会网络对其成员的身份建构和维护机制问题。

正如霍布斯鲍姆（2006：150）所言，这类新移民多半都会融入同样来自“故国”“老家”的同乡移民当中，主要是为了克服初来乍到的不安全感和思乡情绪，以及实现互助。最初的原乡关系网络只是提供了一种保护和安抚的作用，但是如果长期依附于一个原乡关系网络，并且不断加强社会交往的文化规范，就会发生社会身份认同问题。社会心理学的自我社会分类理论为群体身份认同提供了更为细致的微观机制的解释。过去的群体交往理论一般是从小群体的人际互动理论出发来研究群体凝聚力问题的，这样往往会陷入方法论个体主义，从个体需要的相互依赖、相互满足、相互吸引来解释群体内聚力形成问题。自我归类理论则从社会分类范畴出发，认为人们首先通过自我的社会归类从认知上给自己界定了一个社会类别身份，然后通过积极支持和坚持去个人化实现群内规范，不断强化内群体的正面的刻板印象，进而与其他群体区分开来（特纳，2011：107）。此外，社会分类还调节着群体成员的立场、态度和情绪反应，有可能促使群体成员朝着群体刻板化的原型立场和态度发生极端化认同，这样与其他群体的差别才更加明显。这就是因为加入社会关系网络，进而发生群体认同和群体极化的微观机制，它除了给个体成员提供保护和安抚等积极作用，也容易导致群体规范的极化，以及由此形成身份政治。

身份政治的性质和作用比较复杂，既有可能是群体利益表达和获取社会承认的积极作用，也有可能是导致压制个体自由、引发群体歧视与污名化的消极作用（戈夫曼，2009）。无论发挥哪种作用，不可否认的一个事实是，伴随着全球自由主义而来的一种社会反应是各种类型的身份政治：既有基于民族和族群身份的多元民族之间的尊重与承认的问题（陈建樾，2010），也有来自性别、宗教、性取向、生活方式、阶层等各种不同的集体身份及其政治化行动（卡斯特，2006）。它们之间还可能交叉，形成更加复杂的身份政治策略（史密斯，2018）。而且，身份政治已经跃出了生计利益层面，涉及一种更加复杂的主观认同与价值承认问题。面对各种不同的身份政治，国家治理需要增强灵活性和针对性，以协调其利益表达、政治参与的途径和机制，实现社会和谐安定。

三、生计市场化转型与发展性社会工作干预策略

面对社会转型导致的生计问题及其行为风险，传统社会工作要么通过慈善救助疏解困难，要么通过社会治疗进行干预，在此基础上，慢慢地演化出制度化的社会政策和社会服务，较少从社会发展角度来干预生计变迁等经济发展项目（米奇利，2009：18）。在主流的社会福利与社会服务之外，存在一些另类的社区发展创新项目，并与发展学派中的一些观点遥相呼应，逐渐获得了广泛的认可，成为一种新的促进社会福利改善的策略。相对于主流的经济增长理论，社会发展理论更加强调经济与社会的协调发展。但是如何实现经济与社会的协调发展，又存在着不同的策略：第一种是强调自下而上的社区互助合作，形成地区发展项目，而不仅仅依靠国家主导或者资本市场主导发展项目；第二种是强调将经济增长的目标从再分配支持社会福利和社会服务转变成人类发展的综合性指标，如人均预期寿命、儿童死亡率、儿童营养指标等；第三种则是根据基本需要理论，要保障人类生存发展的基本需要，如安全饮水、基本营养食品、基本住房、基本教育、公共卫生等（米奇利，2009：65－71）。

当然，这种经济与社会协调发展的策略是否改变了片面经济增长导致的社会负面效果呢？其实只要发展就会涉及发展方向、发展资源、发展策略等问题，而这些问题从根本上并没有被严肃认真地反思过，进而遭到了“后发展”理论的批判。“后发展”理论认为，各种形式的发展模式，无论是经典的经济增长论，还是另类发展思路（包括可持续发展论、基本需要论、人类发展指数论等），都是各种不切实际的虚幻的假象（李斯特，2011）。

如果暂且不去考虑极端的“后发展”理论，承认经济与社会协调发展的策略具有理论和现实意义，那么基于这种新发展观的社会工作策略有哪些呢？米奇利（2009：119）把西方有关促进经济与社会协调发展的策略大致分为三类：第一类是针对个人实施的协调发展策略，第二类是在社区

层面促进社会协调发展的策略，第三类是政府推动的社会投资策略。受此启发，但是与此不同，笔者试图归纳总结出三种不同的发展性社会干预（工作）策略：第一类是具有公共物品属性的社会投资策略，第二类是政府推动的针对个人金融能力的资产建设策略；第三类是地方社区培育的社会合作经济策略。

（一）具有公共物品属性的社会投资策略

根据经济学公共物品理论，公共物品本身具有消费上的非竞争性和占有上的非排他性，容易产生供应上的“搭便车”问题，无法靠市场提供，只能由政府提供。但是传统由政府提供的公共物品一般只涉及国防、公共安全、消防服务、基础设施、公共卫生、基础教育等，很少涉及职业培训、创业培训等，因为一般认为这些都属于个人的人力资本投资，其使用效益具有竞争性和排他性。但是因为失业和贫困是具有道德困境和社会危害的社会问题，而传统的反贫困和失业保障的手段都是消极性的社会保障和福利救济，难以从根本上解决贫困与失业问题。

在经历20世纪80年代的保守主义对福利国家的攻击之后，到20世纪90年代中期，欧洲国家提出了社会保障和社会福利的新思路，即由一种消极的失业津贴与贫困救助转向所谓积极的就业能力投资计划，目的是进一步从制度上促进个体主义，以适应全球化进程。也有人甚至提出就业能力投资计划并不仅仅是为了提升就业能力，更是为了鼓励各种形式的有意义的工作和如家庭关系般亲密的工作环境，以及更加弹性的适合中小企业、老年人发挥作用的工作计划（吉登斯，2000b：128－132）。吉登斯提出的积极福利计划并不限于政府投资，而是由政府推动的福利社会建设思路，也就是鼓励企业、非营利组织、个人等共同承担积极性福利责任，共同改善工作关系、养老金计划和工作模式，以适应全球化带来的社会结构的变化。

（二）针对个人金融能力的资产建设策略

除了上述针对就业能力、创业能力、工作环境、工作属性的新投资战略，一个更加具有个体主义精神的干预策略是政府与社会组织针对个人金融能力的资产建设策略。谢若登是资产建设战略的主要推动者。谢若登也批判传统的社会福利是一种消极的福利，只是通过再分配维持穷人的低消费水平。但是谢若登承认美国与欧洲不同，更强调个人自我决定和个人资产积累的社会价值，所以美国不像欧洲那样通过社会投资来改变整个社会的工作环境与工作属性，而是采取了针对穷人金融能力的投资（谢若登，2005：15）。

谢若登的个人投资战略主要是针对穷人的金融资产的形成所提出的建议，他认为金融资产可以转化为物质资产和人力资本，甚至认为金融资产也可以促进家庭稳定，带来个人的行为模式等文化资本，以及心理安全、效能感等心理资本。当然，谢若登虽然基于美国的个人主义文化，但并不是基于保守主义的放任自由主义，提出了一种新的混合性福利政策框架，可以使政府、公司、非营利组织和家庭的各种创造性的以资产为基础的福利措施相互补充与组合。而且，他强调，以资产为基础的福利政策并不是要取消现有的收入维持计划，而是补充收入维持计划，并结合经济信息和训练，提升个人发展能力。以资产为基础的福利政策的核心措施是建立个人发展账户，尤其是建立针对穷人的个人发展账户，将政府的存款补贴作为配给资金，以鼓励穷人进行储蓄积累。个人发展账户可以有多种类型，如针对儿童和青年人的教育发展账户和住房发展账户、针对自雇创业的个人发展账户、针对退休计划的个人发展账户等。个人发展账户强调对账户的资金管理和资金使用要通过独立的理事会进行监督和指导，以防止资金的投资不当和使用不当，而且鼓励适当的专款专用，真正用于个人发展，而不是用于当下的消费（谢若登，2005）。

（三）地方社区培育的社会合作经济策略

无论是吉登斯提出的福利社会思路下的社会投资战略，还是谢若登提出的更加个人主义的个人发展账户，他们分别打着新“第三条道路”和新“福利政策”的旗号，以适应更加自由的全球化趋势。这两种思路都可以被归纳为乌尔里希·贝克（Ulrich Beck）所说的制度化个人主义，或者吉登斯所说的新个人主义。这种个人主义并不纯粹是市场造成的，还与福利国家所提供的教育投资、就业保障等制度，以及全球化自由流动所造成的各种传统和习惯从生活中的消退有关（吉登斯，2000b：39）。也就是说，这种个体主义的发生基础正是福利国家制度，而全球自由流动进一步要求进行更加有助于个人自由的福利改革。

这种制度化个人主义导向的社会干预措施都是为了应对市场化转变带来的风险，增强个人抗风险能力。那么，能不能从市场化进程的社会关系网络等社会资本角度来增强个人的社会嵌入性，同时又能避免各种集体身份抗争呢？其实，从早期的社区发展计划到当代的资产为本的社区发展计划就是一种非常具体的、基于社区内部合作关系的资产建设模式。早期的社区发展计划的一个传统来自西方国家在其殖民地探索出来的福利政策和社会服务模式的改革手段。殖民地官员认识到，殖民地国家难以模仿西方发达国家通过收入再分配来提供福利和社会服务，而是需要结合地方经济发展项目，以促进广大居民的福利改善。不过，早期的社区发展计划和后来的社会投资计划一样，注重通过扫盲和大众教育、妇女培训、青年组织、基础设施建设、健康和卫生服务等来促进社区发展（米奇利，2009：63）。

发达国家的社区发展项目来自早期的社区睦邻计划，强调通过邻里中心开展教育、文化、社交活动，吸纳社区成员尤其是新移民、穷人、边缘群体参与社区活动，增强社区的包容性。只不过长期以来，社会服务和社区发展都是针对社区里有问题的当事人的需求不足开展工作的，容易对这些社区以偏概全，甚至因为贴标签形成污名化的刻板印象，进而使其丧失了发展改变的动力。因此，才有人提出了要从能力视角出发，进行社区资产构建，促进由内向外地发展动力（Kretzmann and Mcknight，1993）。资产为本的社区发展模式的资产类别包括个人性资产、协会性资产和制度性资产，不管是哪类资产，关键是如何把它们动员起来，变成一种经济性用途①，并且能够为社区成员所共享。资产为本的社区发展模式具体分为五个步骤：第一步是描绘社区资产地图；第二步是在社区资产之间建立各种

① 经济性用途并不是要谋取多少利润，而是通过内部市场，把各种闲置的资产充分利用起来，改善社区的生活。

关系，一旦形成了社区资产之间的内部网络，社区解决内部问题的能力就会增强；第三步是把社区资产转化成经济性用途；第四步是号召社区制定愿景和计划，设定社区发展的共同理想和目标，从而有助于形成整个社区更生的中心，吸纳各方力量共同努力；第五步是撬动外部资源支持地方发展，只有在上述四步基础上，外部资源的引入才能与内部资产开发计划形成伙伴关系，促进社区建设和发展（Kretzmann and Mcknight, 1993：345 - 354）。

总之，面对市场化转型带来的家庭生计压力和风险，发展性社会干预（工作）基本上沿着积极福利的思路提出了三种不同的干预策略：一是通过社会投资来改善社会风险分担模式；二是通过个人资产建设来增强个体的发展能力；三是通过社区资产建设来促进社区互助合作发展。这对于中国式现代化语境中的发展性社会工作具有启示和借鉴意义。

四、中国发展性社会工作的探索、不足和方向

党的二十大报告提出："统筹发展和安全，明确我国社会主要矛盾是人民日益增长的美好生活需要和不平衡不充分的发展之间的矛盾，并紧紧围绕这个社会主要矛盾推进各项工作……以中国式现代化全面推进中华民族伟大复兴。"进入 21 世纪以来，中国不断加强民生保障和社会治理工作，尤其是党的十八大以来，我们取得了脱贫攻坚战的伟大胜利，完成了全面建成小康社会的阶段性发展目标，确立了以人民为中心的发展观和共同富裕的发展目标，让人民共享发展成果。这为形成中国特色的发展性社会工作奠定了坚实的基础。实际上，中国发展性社会工作也逐渐聚焦农村发展、灾后重建、脱贫攻坚、民族发展等领域。

中国最早涉及发展性社会工作的项目是中山大学的张和清教授和香港理工大学的古学斌、杨锡聪教授等从 2001 年就已经开始的在云南绿寨开展的乡村发展干预项目。这个项目是香港理工大学在内地资助建设的社会工作硕士实习项目，长期坚持行动研究的策略，把研究、教学与干预结合起来，运用社会工作的优势视角，试图弥补原来的扶贫援助项目只注重经

济援助的单一视角的缺陷，从社区文化方面增强居民的自信，并进一步通过传统的绿色有机耕作方式来恢复当地的传统生产种植模式，然后通过城乡公平贸易，促进地方的可持续发展（张和清、杨锡聪、古学斌，2008）。

在2008年四川汶川地震之后，除了张和清教授带领的团队继续运用发展性社会工作策略介入灾后重建，长沙民政职业技术学院的史铁尔教授、原中国青年政治学院的陈涛教授和笔者等也都在地震灾区运用发展性社会工作策略进行灾后恢复的干预项目。而且在此基础上，陈涛、陈锋、王小兰（2011）明确提出了发展性社会工作的概念，其主要是指围绕灾区群众的生计发展问题，组建生计互助小组，培育社区生计小组管理委员会，培育并提升生计互助小组成员的个人发展能力，促进社区团结，通过发展生计促进灾后康复，扭转了灾后社会工作干预的方向——由修补性和康复性干预方向转向社区生计的互助发展性干预方向。

在随后2014年发生的云南鲁甸地震灾后重建中，上海的对口援助社会工作服务队通过整合性干预措施，一方面注重恢复地震破坏的社会关系，另一方面促进社区居民的生计恢复性发展（文军、吴越菲，2015）。2015年中央提出了打赢脱贫攻坚战的决定，这进一步给发展性社会工作提供了契机。为此，向德平、程玲（2019）强调社会工作介入脱贫攻坚战的专业必要性，并以发展的视角来介入脱贫攻坚，在此基础上提倡发展性社会工作介入精准扶贫。向荣、陆德泉、陈韦帆（2018）也认为，在介入精准扶贫的过程中，发展性社会工作可以发挥如下作用：培养社区社会资本、盘活社区内生动力和本土资源、促进多元共治的社区治理创新、打造共建共治共享的精准扶贫模式。

除了上述社区为本的发展性社会工作，我国发展性社会工作也在探索谢若登提出的个人发展账户。比如，陕西省西安市和白水县等地开展的整合性“儿童发展账户”项目，即贫困残疾儿童及其家长的配套账户，要求家长每月为特殊儿童储蓄一定数额的资金，社会组织按照1∶1配套，在储存一定时间后，家长可以申请将这笔资金用于项目规定的支出方向（邓锁，2018）。民族地区交通不便，造成文化、自然资源发达，但经济开发程度受限，因此早在20世纪40年代著名民族学家李安宅先生就提出用社会工作的方法来开展边疆治理（李安宅，2012）。直到今天，民族社会工作仍然强调从发展与文化两个视角来开展工作：既要注重解决民族地区的民生发展问题，也要尊重、传承民族文化，具备文化敏感性和文化实践能力（王思斌，2012）。

简要梳理我国发展性社会工作的发展历程，笔者发现其理论基础基本上是来自上述米奇利和谢若登有关发展性社会政策与社会工作的论述，以及南非学者的建议（马凤芝，2014；向荣、陆德泉、陈韦帆，2018），并结合灾后重建、脱贫攻坚、儿童福利等中国现实问题，在社区层面和个体层面所进行的一些探索。但是，总体而言，中国发展性社会工作还存在以下不足和值得改进的方面：

第一，整体发展思路还与中国以人民为中心的发展思想、中国式现代化存在较大差距。中国发展性社会工作的探索大都是基于西方发展思路和模式，然后结合中国现实处境开展的一些实践探索和理论反思，并没有形成系统的发展观。在党的十八届五中全会上，习近平总书记强调："必须牢固树立并切实贯彻创新、协调、绿色、开放、共享的发展理念。"在党的二十大报告中，习近平总书记进一步提出了以中国式现代化全面推进中华民族伟大复兴，列出了中国式现代化的特征，即人口规模巨大的现代化、全体人民共同富裕的现代化、物质文明和精神文明相协调的现代化、人与自然和谐共生的现代化、走和平发展道路的现代化。这一系列论述奠定了中国发展性社会工作的理论基础。

第二，整体发展模式还只是从社区层面和个体层面进行零星的自发探索，缺乏与乡村振兴、农业农村现代化、基层治理现代化的深入融合。国家关于乡村振兴、农业农村现代化、基层治理现代化的政策文件多将社会工作视为一种社会力量，在服务"三留守"人员、促进"五社联动"方面发挥积极作用。意味着这仍然是一种修补性、治疗性社会工作，而不是一种发展性社会工作。目前大力推动的乡镇社会工作站项目，也大都是围绕"一老一小"的关爱活动，较少参与乡村社区营造和社区发展。面对乡村振兴和农业农村现代化的伟大工程、伟大事业，中国社会工作应该不限于做修补性和治疗性工作，还应该全面参与到乡村振兴与农业农村现代化发展进程中。

第三，基本理论仍然停留于对实践模式的总结，缺乏对诸如生计发展与市场、资本的关系，生计发展与风险治理的关系，生计发展与社会保护的关系等理论议题的深入讨论。目前，真正从理论上反思中国发展性社会工作发展问题的学者凤毛麟角。张和清、杨锡聪、古学斌（2008）等试图在批判西方线性发展观的基础上，提出走出一条另类的可持续发展道路这一想法，然而在实践中，其团队更侧重于社区文化与传统生产生计手段的恢复，较为排斥外部市场和资本介入等问题。叶敬忠、贺聪志（2019）试图打造一种巢状市场，来探索农村扶贫援助问题。所谓巢状市场，其实是一种直接联结小农生产与城市特定消费者的混合社会关系的市场关系，以区别于资本主导经营的层级化的单一经济理性的市场。那么，市场与资本、基层生计发展是什么关系呢？是否要协助基层居民全面融入市场化进程？如何保护他们免受市场风险和陷入身份政治的困境？这些问题都是中国发展性社会工作需要解决的理论问题，不能简单地回避与否定。

总之，中国式现代化下的乡村振兴与农业农村现代化，以及基层治理体系和治理能力的现代化，呼吁中国社会工作打破修补性和治疗性限制，全面参与到中国乡村振兴与现代化进程，把乡村居民生计的市场化进程当作一个前提，研究其与资本和市场的关系，围绕市场化进程，进行社会投资和个人资产建设，提升市场交易与合作互助能力，建构约束机会主义行为和群体身份极化的治理结构，从而真正改善民生。

参考文献

[1] 波兰尼. 大转型：我们时代的政治与经济起源［M］. 冯钢，刘阳，译. 杭州：浙江人民出版社，2007.

[2] 布洛维. 公共社会学［M］. 沈原，等译. 北京：社会科学文献出版社，2007.

[3] PARSONS T. The social system［M］. London：Routledge，1991.

[4] 李斯特. 发展的迷思：一个西方信仰的历史［M］. 陆象淦，译. 北京：社会科学文献出版社，2011.

[5] 罗荣渠. 现代化新论：世界与中国的现代化进程［M］. 增订本. 北京：商务印书馆，2009.

[6] 罗斯托. 经济增长的阶段：非共产党宣言［M］. 郭熙保，王松茂，译. 北京：中国社会科学出版社，2001.

[7] 杜赞奇. 从民族国家拯救历史：民族主义话语与中国现代史研究 [M]. 王宪明，高继美，李海燕，等译. 南京：江苏人民出版社，2009.

[8] 安德森. 想象的共同体：民族主义的起源与散布 [M]. 吴叡人，译. 上海：上海人民出版社，2003.

[9] 盖尔纳. 民族与民族主义 [M]. 韩红，译. 北京：中央编译出版社，2002.

[10] 史密斯. 民族认同 [M]. 王娟，译. 南京：译林出版社，2018.

[11] 霍布斯鲍姆. 民族与民族主义 [M]. 李金梅，译. 上海：上海人民出版社，2006.

[12] 伊罗生. 群氓之族：群体认同与政治变迁 [M]. 邓伯宸，译. 桂林：广西师范大学出版社，2008.

[13] 卡斯特. 认同的力量：第 2 版 [M]. 曹荣湘，译. 北京：社会科学文献出版社，2006.

[14] 亨廷顿. 文明的冲突与世界秩序的重建：修订版 [M]. 周琪，刘绯，张立平，等译. 北京：新华出版社，2009.

[15] WORLD BANK. Governance and development [R]. Washington, DC: World Bank, 1992.

[16] 洪源远. 中国如何跳出贫困陷阱 [M]. 马亮，译. 北京：生活·读书·新知三联书店，2018.

[17] 帕森斯. 社会行动的结构 [M]. 张明德，夏遇南，彭刚，译. 南京：译林出版社，2008.

[18] 斯威德伯格. 马克斯·韦伯与经济社会学思想 [M]. 何蓉，译. 北京：商务印书馆，2007.

[19] 涂尔干. 社会分工论 [M]. 渠东，译. 北京：生活·读书·新知三联书店，2000.

[20] 威廉姆斯，杰克逊. 治理：世界银行与自由主义理论 [M] //俞可平. 治理与善治. 北京：社会科学文献出版社，2000.

[21] EVANS P. Embedded autonomy: state & industrial transformation [M]. Princeton: Princeton University Press, 1995.

[22] EVANS P. State-society synergy: government and social capital in development [M]. Berkeley: University of California Press, 1997.

[23] 威廉姆森. 资本主义经济制度：论企业签约与市场签约 [M]. 段毅才，王伟，译. 北京：商务印书馆，2004.

[24] 格兰诺维特. 镶嵌：社会网与经济行动 [M]. 罗家德，译. 北京：社会科学文献出版社，2007.

[25] 格兰诺维特. 社会与经济：信任，权力与制度 [M]. 罗家德，王水雄，译. 北京：中信出版社，2019.

[26] 孙立平. 实践社会学与市场转型过程分析 [J]. 中国社会科学，2002 (5): 83-96.

[27] 黄宗智. 认识中国：走向从实践出发的社会科学 [J]. 中国社会科学，2005 (1): 83-93.

[28] 周雪光. 中国国家治理的制度逻辑：一个组织学研究 [M]. 北京：生活·读书·新知三联书店，2017.

[29] DFID. Sustainable livelihoods guidance sheets [M]. London: Department for International Development, 2000.
[30] ASHLEY C, CARNEY D. Sustainable livelihoods: lessons from early experiences [M]. London: Department for International Development, 1999.
[31] BEBBINGTON A. Capitals and capabilities: a framework for analyzing peasant viability, rural livelihoods and poverty [J]. World development, 1999, 27 (12): 2021 - 2044.
[32] 埃斯科瓦尔. 遭遇发展：第三世界的形成与瓦解 [M]. 汪淳玉，吴惠芳，潘璐，译. 北京：社会科学文献出版社，2011.
[33] 斯科特. 农民的道义经济学：东南亚的反叛与生存 [M]. 程立显，刘建，等译. 南京：译林出版社，2001.
[34] POPKIN S L. The rational peasant: the political economy of rural society in Vietnam [M]. Berkeley: University of California Press, 1979.
[35] 布罗代尔. 十五至十八世纪的物质文明、经济和资本主义. 第3卷，世界的时间 [M]. 顾良，施康强，译. 北京：商务印书馆，2017.
[36] 沃勒斯坦. 现代世界体系：第1卷 [M]. 罗荣渠，等译，北京：高等教育出版社，1998.
[37] 伯恩斯坦. 农政变迁的阶级动力 [M]. 汪淳玉，译. 北京：社会科学文献出版社，2011.
[38] 施坚雅. 中国农村的市场和社会结构 [M]. 史建云，徐秀丽，译. 北京：中国社会科学出版社，1998.
[39] 费孝通. 江村经济 [M]. 北京：北京大学出版社，2012.
[40] 费孝通，张之毅. 云南三村 [M]. 北京：社会科学文献出版社，2006.
[41] 阿里吉. 亚当·斯密在北京：21世纪的谱系 [M]. 路爱国，黄平，许安结，译. 北京：社会科学文献出版社，2009.
[42] 黄宗智. 长江三角洲小农家庭与乡村发展 [M]. 北京：中华书局，2000.
[43] 费孝通. 美好社会与美美与共：费孝通对现时代的思考 [M]. 麻国庆，编. 北京：生活书店出版有限公司，2019.
[44] 项飚. 跨越边界的社区：北京"浙江村"的生活史 [M]. 北京：生活·读书·新知三联书店，2000.
[45] 叶敬忠，贺聪志. 基于小农户生产的扶贫实践与理论探索：以"巢状市场小农扶贫试验"为例 [J]. 中国社会科学，2019 (2): 137 - 158.
[46] 黄宗智，高原，彭玉生. 没有无产化的资本化：中国的农业发展 [J]. 开放时代，2012 (3): 10 - 30.
[47] 贺雪峰. 为谁的农业现代化 [J]. 开放时代，2015 (5): 36 - 48.
[48] 萨林斯. 石器时代经济学 [M]. 张经纬，郑少雄，张帆，译. 北京：生活·读书·新知三联书店，2009.
[49] 吉登斯. 现代性的后果 [M]. 田禾，译. 南京：译林出版社，2000.
[50] 阿克塞尔罗德. 合作的进化 [M]. 吴坚忠，译. 修订本. 上海：上海人民出版社，2017.

［51］奥斯特罗姆. 公共事物的治理之道：集体行动制度的演进［M］. 余逊达，陈旭东，译. 上海：上海译文出版社，2012.
［52］帕特南. 使民主运转起来：现代意大利的公民传统［M］. 王列，赖海榕，译. 北京：中国人民大学出版社，2015.
［53］帕特南. 独自打保龄：美国社区的衰落与复兴［M］. 刘波，祝乃娟，张孜异，等译. 北京：北京大学出版社，2011.
［54］刘世定，严俊，刘玉照. "利益—规范"双重博弈：一个基础性探讨［J］. 社会学评论，2022，10（2）：5－28.
［55］徐宗阳. 资本下乡的社会基础：基于华北地区一个公司型农场的经验研究［J］. 社会学研究，2016（5）：63－87.
［56］杨典，向静林. 中国经验与中国特色经济社会学：标识性概念与关键议题［J］. 中国社会科学，2022（12）：158－178.
［57］BURT R S. Structural holes：the social structure of competition［M］. Cambridge：Harvard University Press，1992.
［58］PORTES A. Social capital：it's origins and applications in modern sociology［J］. Annual review of sociology，1998，24（1）：1－24.
［59］特纳. 自我归类论［M］. 杨宜音，王兵，林含章，译. 北京：中国人民大学出版社，2011.
［60］戈夫曼. 污名：受损身份管理札记［M］. 宋立宏，译. 北京：商务印书馆，2009.
［61］陈建樾. 认同与承认：基于西方相关政治理论的思考［J］. 民族研究，2010（3）：1－9.
［62］米奇利. 社会发展：社会福利视角下的发展观［M］. 苗正民，译. 上海：格致出版社，2009.
［63］吉登斯. 第三条道路：社会民主主义的复兴［M］. 郑戈，译. 北京：北京大学出版社，2000.
［64］谢若登. 资产与穷人：一项新的美国福利政策［M］. 高鉴国，译. 北京：商务印书馆，2005.
［65］KRETZMANN J，MCKNIGHT J. Building communities from the inside out：a path toward finding and mobilizing a community's assets［M］. Chicago：ACTA Publications，1993.
［66］张和清，杨锡聪，古学斌. 优势视角下的农村社会工作：以能力建设和资产建立为核心的农村社会工作实践模式［J］. 社会学研究，2008（6）：174－193.
［67］陈涛，陈锋，王小兰. 震后社区生计项目实践与发展性社会工作的探索：绵竹青红社工服务站的经验及反思［J］. 社会工作（学术版），2011（2）：14－18.
［68］文军，吴越菲. 灾害社会工作的实践及反思：以云南鲁甸地震灾区社工整合服务为例［J］. 中国社会科学，2015（9）：165－181.
［69］向德平，程玲. 发展性社会工作的脉络、特点及其在反贫困中的运用［J］. 西北师大学报（社会科学版），2019，56（2）：47－52.
［70］向荣，陆德泉，陈韦帆. 发展型社会工作对深化精准扶贫的助力策略分析［J］. 贵州民族大学学报（哲学社会科学版），2018（3）：73－86.

［71］邓锁．资产建设与跨代干预：以“儿童发展账户”项目为例［J］．社会建设，2018，5（6）：24－35.
［72］李安宅．边疆社会工作［M］．石家庄：河北教育出版社，2012.
［73］王思斌．民族社会工作：发展与文化的视角［J］．民族研究，2012（4）：1－7.
［74］马凤芝．社会发展视野下的社会工作［J］．广东社会科学，2014（1）：222－228.

从发展到共同富裕：西方发展性社会工作理论的拓展

杨　超①

摘要： 面向共同富裕的社会工作已经超出西方发展性社会工作理论的视野，有必要从发展拓展到均衡性发展。基于对发展性社会工作理论脉络的梳理与批判，面向共同富裕的中国语境，笔者提出共同富裕的“点线面体”思想，指出面向共同富裕的社会工作理论逻辑在于共同富裕关系网络资源生产、流动及其均衡性分布，实践路径在于共同富裕心态与能力建设、共同富裕型关系建构，以及区域、阶层、城乡网络的协同发展和共同富裕型社会转型。

关键词： 共同富裕；发展性社会工作；点线面体；关系主义

共同富裕要解决的基础问题是发展均衡性的问题。在社会工作中，与这一问题相关的理论是发展性社会工作理论。发展性社会工作以行动与变迁为取向，以生产性活动和社会投资策略为核心，通过参与有利于经济发展的各种社会工作实践，整体性提升社会福利水平（Midgley，1998）。发展性社会工作的最大贡献在于实现经济发展与社会发展的整合，但是共同富裕并不局限于经济发展与社会发展两个方面，还包括更全面的均衡性发展的诉求。聚焦共同富裕的社会工作理论视野已经超出西方发展性社会工作的框架，由此提出了建构中国式社会工作理论的新要求。笔者拟面向共

基金项目： 2020年度教育部人文社会科学研究规划青年基金项目“关系主义视角下的社会工作整合性实践模式研究”（20YJC840035）、山东省高等学校青年创新人才引育支持计划“基层社会治理法治保障创新研究”的阶段性成果。

① 杨超，男，博士，临沂大学法学院副院长、副教授，研究方向为社会工作理论。

同富裕的中国语境，拓展西方发展性社会工作的理论基础，并分析其实践路径。

一、共同富裕的中国语境与社会工作意义

（一）共同富裕的内涵与要求

实现共同富裕是社会主义本质的体现，是中国式现代化的本质要求。推进共同富裕的理论与实践发展已成为当前乃至未来的重大课题。共同富裕指的是全体人民通过辛勤劳动和相互帮助达到丰衣足食的生活水平，富裕包含物质富裕和精神丰实，共同意味着全体国民全面富裕。共同富裕并非同时富裕，而是允许一部分先富起来，通过先富带动后富，最终实现共同富裕。共同富裕所要反对的就是普遍贫穷以及两极分化。邓小平（1993：64）指出："贫穷不是社会主义，更不是共产主义。""社会主义最大的优越性就是共同富裕，这是体现社会主义本质的一个东西。如果搞两极分化，情况就不同了，民族矛盾、区域间矛盾、阶级矛盾都会发展，相应地中央和地方的矛盾也会发展，就可能出乱子。"（邓小平，1993：364）可见，共同富裕是一种普遍富裕后的有差异的富裕，核心在于共同富裕关系。共同富裕是中国共产党带领全国人民所要迈进的一个未来社会形态，是可观察的、迫在眉睫的重大任务，它意味着社会的整体转型。

首先，协调经济增长与公平分配之间的关系是共同富裕的内在要求。富裕重在经济效率，共同体现公平。没有经济增长的平均主义并非长久的共同富裕，共同富裕要求以经济增长为基础，通过更加公平的分配制度促进全体人民的富裕。中央提出三次分配制度体系，目的就在于更加注重公平，推进效率与公平的平衡。其次，共同富裕是人民群众物质生活和精神生活都富裕（习近平，2021），涉及物质生活与精神生活的关系。共产主义社会是人自由而全面的发展，这包括人的自然素质、社会素质和精神素质的发展。促进物质富裕和精神丰实是马克思主义的基本观点，也是中国共产党人的一贯追求，更是新时代中国特色社会主义发展的必然要求（龚云、杨静，2022）。最后，共同富裕是一个涉及经济、分配、政治、文化、

社会、生态文明的综合性问题（李春根，2022），需要推进不同要素的整体性发展。习近平总书记指出："实现共同富裕不仅是经济问题，而且是关系党的执政基础的重大政治问题。"共同富裕不仅要求物质富裕，也要求精神富裕，需要政治、经济、社会、文化和生态环境"五位一体"的高度综合协调（杨宜勇、王明姬，2021）。

（二）共同富裕的社会工作意义

与西方社会工作发展的路径不同，中华人民共和国成立后，中国社会工作的发展与国家的宏观叙事密切关联。1952 年，高校院系大调整，社会工作专业被取消，社会工作实务领域也逐渐退出历史舞台。1987 年，民政部、原国家教育委员会、原人事部、原劳动部等政府部门召开的"马甸会议"重新确认了社会工作的学科地位，从而恢复了社会工作专业。之后，中国社会工作的发展日益嵌入不同时代脉络中，在社会服务、社会管理、社会治理中发挥作用。无论是参与汶川地震等灾后重建，还是在疫情防控中发挥专业优势，社会工作从专业话语进入政府话语，进而被纳入党的话语体系中，在壮大自我力量的同时也促进了中国社会的发展。

共同富裕已经成为中国目前甚至未来较长时间内的主流话语，为中国社会工作的发展带来了时代机遇。社会工作是以利他理念为指导的专业和职业，本质上是为了服务弱势群体，促进社会工作公平正义。这与共同富裕的本质要求是高度契合的。学界讨论了共同富裕背景下社会工作的作为，指出社会工作有助于提升弱势群体的参与度（王思斌，2022），促进第三次分配（莫腾飞、曾守锤、唐立，2022），推进政府、市场和社会协调助推共同富裕（徐选国、秦莲，2022）。这些研究具有重要意义，论证了社会工作参与共同富裕的合法性和路径，但是忽视了共同富裕对于主流社会工作的挑战，包括如何实现物质和精神的全面共同富裕、如何促进先富带动后富等。这些问题何以可能，何以可为？它们是西方社会工作理论薄弱或忽视的地方，有待于进一步拓展。目前，社会工作围绕共同富裕的研究还鲜有理论建构，但这是社会工作学科与专业发展，以及促进社会工作深入参与共同富裕实践的必然要求。笔者试图将西方发展性社会工作的理论脉络置于中国共同富裕的语境中进行审视，在与西方发展性社会工作理论对话的基础上进一步拓展这一理论。

二、西方发展性社会工作理论的贡献与不足

（一）西方发展性社会工作理论的贡献

发展性社会工作起源于社区发展、社会发展政策。第二次世界大战之后，联合国提出的“社区发展”理念被广大发展中国家采纳。与此同时，西方发达国家也开始在社会福利政策和实践中推动“社会发展”。20 世纪六七十年代，联合国倡导“发展型社会福利”，并大力推动其传播与实践。20 世纪 90 年代以来，随着经济全球化和人口结构的变化，西方发达国家的传统福利制度受到怀疑，社会福利被视为经济发展的障碍。与此同时，发展中国家为了经济增长而开始削减福利。“社会发展”的理念引起了人们更多的重视，人们开始反思传统的福利国家概念。米奇利（Midgley，1994）主张在有计划的发展框架内协调经济与社会，并认为应当从社会问题被控制的程度、需要得到满足的程度、上升机会提供程度等方面来衡量社会福利水平。谢若登则主张从资产建设角度推进社会发展。

南非的实践为发展性社会工作的创立提供了经验样本。传统的社会福利与社会工作的设计和运作以种族歧视为基础，形成了不公平、不民主的制度，未能回应大部分南非公民的需求和权利（Patel，2005：78），本质上忽视了发展中国家最大的“发展”需求。在《社会工作与社会发展：发展性社会工作的理论与技巧》（*Social work and social development: theories and skills for developmental social work*）一书中，米奇利提出并全面论述了发展性社会工作理论的框架：这一框架基于社区，通过社会支持网络促进社会发展；焦点在于生计发展，推动经济生产活动的开展；国家应当通过社会投资为服务对象赋能；社会工作应当采用多元方法。莫里森（Morrison，2010）从搭建社会安全网、改善卫生服务、提高最低工资、增加工作岗位、消除贫困、预防计划等方面进一步扩展了发展性社会工作的议题。

（二）西方发展性社会工作理论的不足

如何实现富裕是世界各国都在讨论的话题，我国试图从发展性社会工作方面尝试做出回答。我国在20世纪90年代就开始介绍发展性社会工作理论，实践应用包括大都市城中村资产建设项目（吴世友、朱眉华、苑玮烨，2016），四川省绵竹青红社工服务站在汉旺镇等地开展的救灾社会工作服务，广东绿耕社会工作发展中心在广州市从化区、曲靖市平塞村开展的农村发展项目，云南连心社区照顾服务中心开展的一系列项目等。发展性社会工作为社会工作参与脱贫攻坚这一重大任务提供了理论依据（向德平、程玲，2019）。在我国“五位一体”建设过程中，发展性社会工作也不失为社会建设和适度普惠型社会福利及其传递系统建构的一条可供选择的路径（马凤芝，2014）。然而，中国的共同富裕所要回应的根本问题是发展均衡性问题，这是西方社会工作界未曾在理论上回答的问题。

发展性社会工作的创立是为了回应社会工作缺乏生产性的质疑，在弱势群体的生计发展的基础上实现全社会的发展。有人提出，衡量是否实现共同富裕的关键应是下限，即“木桶的最短板”，为此应当致力于补短板（叶敬忠，2022）。然而，这是一种静态的机械思维。基于这一思维，均衡发展的逻辑就在于补贴弱势群体或者欠发达地区，结果追求的是简单的、绝对的均衡。显然这一均衡只是暂时的、虚假的、牺牲了发展的均衡，最终可能导致“共同”的停滞。事实上，发展是变动不居的，均衡性发展需要在关系的思维中实现动态发展。西方发展性社会工作只关照和干预弱势群体，难以真正实现共同富裕。笔者聚焦发展性社会工作均衡性发展这一问题，试图在继承现有发展性社会工作理论的基础上，进一步拓展西方发展性社会工作的理论框架。

三、聚焦共同富裕的社会工作理论拓展

（一）共同富裕的“点线面体”

潘光旦先生曾经提出社会学者的“点线面体”思想，点是个体，线是

人际，面是社会，体则是历史（何雪松，2019）。在另一篇文章中，基于关系主义视角，有学者论述了社会工作在点线面体上可以构建一组概念，即关系主体、关系链、关系网络、关系世界（杨超、何雪松，2017）。这同样适用于共同富裕。在共同富裕中，点是富裕的主体；线是不同富裕主体之间的人际关系；面是富裕主体交织的网络；体是加入时间或历史维度，指向不同“面”的动态关系。具体来说，关系主体即富裕主体，分为先富主体、后富主体，主体既可以是个体，也可以是组织。笔者尤为关注富裕主体的自我主体性，包括共同富裕心态、共同富裕能力，如先富主体的社会责任感、后富主体的富裕内生动力。关系链是先富主体与后富主体之间的人际关系。在共同富裕的中国语境中，先富主体带动后富主体、鼓励后富主体、帮助后富主体表达了关系链层次上的诉求。关系网络是先富主体、后富主体多元交织关系形成的群体之间的网络系统，它表现为城乡网络、阶层网络、区域网络等。城乡差距、高中低阶层收入差距、东中西部收入差距成为共同富裕面临的三个主要问题，这表现为关系网络层次上的富裕问题。关系世界是城乡收入关系在转型中的动态变迁、高中低社会阶层结构在转型中的不断调整、东中西部区域收入差距变化过程等多方面所形成的整体态势。共同富裕的“点线面体”如表1所示。

表1　共同富裕的“点线面体”

逻　辑	点	线	面	体
关系概念谱	关系主体	关系链	关系网络	关系世界
共同富裕关系概念谱	共同富裕主体	共同富裕人际关系	共同富裕群际关系	富裕社会
共同富裕关系实践	共同富裕心态、共同富裕能力	先后关系、带动关系、帮助关系	阶层收入分配、城乡协调、区域协同……	结构转型

（二）聚焦共同富裕的社会工作理论逻辑

尽管发展性社会工作试图整合“点线面体”，但是在理论构建过程中以后富主体（弱势群体）为单一主体，并没有基于关系思维在先富主体与后富主体之间的关系上构建起理论框架。这一单一进路是一种增量方式，注重经济增长，以不损害富裕阶层的利益或者不打破原有的社会结构设置为前提。通过“补短”方式促进社会弱势群体的富裕，从而实现经济与社会的整合。在本质上，这是以促进弱势群体经济发展为使命的，不触及原有阶层的利益。正是由于忽视了先富主体及其相配合的政治、经济、社会、文化结构的影响，发展性社会工作才招致了很多批评。聚焦共同富裕的社会工作不能局限于增量改革，还要在存量改变上积极作为。存量改革是指通过打破利益固化、进行利益协商、实现利益让渡和利益置换等过程，对现有的存量利益进行再配置，最终使利益配置结构更合理，社会总福祉能够持续增加（王道勇，2022）。这要求在关系思维下进行“点线面体”的全面审视，进而重构原有的发展性社会工作理论框架。面向共同富裕，社会工作的服务对象要从后富主体（贫困者）扩展到先富主体，尤其是先富主体也是社会工作的重要服务对象。发展性社会工作将服务对象局限于后富主体，限于传统的弱势群体，这固然是重要的，但是缺乏先富主体的参与，只停留在实体主义思维，忽视了先富主体对后富主体的帮助或阻碍作用，贫富差距并不能真正缩小，后富主体的发展也会受到消极影响。

发展失衡的原因在于关系网络资源生产、流动及其分布失衡。因此，聚焦共同富裕的社会工作应关注以下几个问题：第一，服务对象生活在什么关系网络中？服务对象的关系网络状态是怎样的？第二，服务对象关系网络内的资源生产性如何？关系网络内的资源流动性如何？在哪些位置容易发生堵塞、进展缓慢或顺畅？关系网络资源充盈度是怎样的？第三，先富主体、后富主体交织的关系网络资源的平衡性如何？有哪些宏观因素影响共同富裕的实现？第四，服务对象运用了什么策略以推进关系网络资源的生产、畅通与充盈？

在共同富裕的关系概念谱中，关系网络居于“面”层次，即中观层面。社会工作要实现中观层面的改变，既需要“点”“线”层面的基础性行动，也需要具体层面的配合。因此，社会工作行动的可能性体现在针对富裕主体的共同富裕能力提升、富裕人际关系的协调、富裕群际关系的协同、富裕社会的转型。在干预的方向上，社会工作有两个重要的向度：一是促进富裕之共同性。这意味着研究先富主体与后富主体的关系，尤其是在对先富主体的评估中，激发其人性中奉献、助人的一面，以社会工作技术促进先富主体在需求满足的同时带动和帮助后富群体，并对先富主体和后富主体的利益冲突进行协调，构建新型的社会关系。例如，传统的发展性社会工作干预框架通过聚焦脱贫攻坚、乡村振兴，试图以"补短"的方式促进乡村的发展，然而这一追赶方式是静态的、非持久的。我们需要把乡村发展置于整个城乡动态关系格局中，推进城乡均衡发展。社会工作所要做的是，通过各种社会工作技术激发城乡内人的主体性和各种资源要素的流动性。二是面向富裕之全面性。社会工作需要平衡治疗性与发展性，既要以发展性社会工作推进服务对象的生计发展，促进物质的富裕，也要针对精神贫困开展治疗性和发展性干预。针对先富主体，社会工作重点从健康思想、高尚德性建设角度进行介入，尤其鼓励和倡导先富主体回馈社会、富而好礼；针对后富主体，社会工作重点从自立精神角度和健康思想两个角度干预，赋能后富主体、激发潜能，并感恩社会。

四、推进共同富裕的社会工作实践路径

（一）社会工作促进共同富裕心态与能力建设

共同富裕根植于中华文化，立足于当代社会主义中国。改革开放之初，邓小平同志提出的允许一部分先富起来，目的在于实现共同富裕，这作为中国共产党的战略安排的合法性依据被广为传播和接受。如果各社会群体没有对打破利益固化状态达成共识、没有形成利益协商的氛围、没有形成利益让渡的心理预期，那么改革推进也必然困难重重（王道勇，2022）。社会工作通过个案工作、小组工作、社区工作、社会行政、社会倡导等，对先富主体、后富主体的心态进行干预，促进"心态协同"（陈宣霓、陈涛、彭凯平，2021），从而推动他们参与共同富裕建设。

社会工作整合经济发展与社会发展，以服务对象的生计为核心。无论是资产建设取向还是社会投资取向，社会工作可以致力于提升后富主体的

经济能力。对于先富主体，社会工作者的目标在于增进其社会责任，让其意识到成为先富主体有赖于社会环境的支持，没有后富主体，他们也无法生存。社会工作通过影响富裕者，推动其进行专业慈善、专业帮扶的能力建设。

（二）社会工作参与共同富裕人际关系建构

扎实推动共同富裕的进程是一个“先富带后富、帮后富”的过程，也是后富主体奋起直追的过程，还是一个先富群体进一步健康发展、壮大的过程。在这一长时段的历史进程中，各个社会群体将在经济社会关系上长期频繁互动并相互调适融合（王道勇，2022）。这一过程必然存在着关系的矛盾、冲突，既可能导致劫富济贫，最终陷入共同贫困，也可能致使贫富两极分化。社会工作参与共同富裕型关系建构就是要消除这一极端的关系，保障并平衡先富主体和后富主体各自的利益。

社会工作者要在价值引领方面积极作为，利用互联网技术，发挥社会感染的作用，促进社会对共同富裕的认可，形成共同富裕型支援关系。汤因比、池田大作（1985：39）指出，应当通过“伦理行为”而非智力来对付“力量”所带来的邪恶结果。价值本身是社会工作专业支撑的依据，面对先富主体“为富不仁”导致的行为冲突，以及普通民众在就业、获取财富过程中的关系矛盾，社会工作可以通过认知疗法、行为矫正、关系处理等方式积极应对，构建和谐的共同富裕关系。

（三）社会工作推进区域、阶层、城乡网络的协同发展

共同富裕是一个整体性的富裕，着力于解决贫富两极化。目前，我国贫富分化突出表现在区域、阶层和城乡之间的分化。具体来说，东中西部发展不平衡，东部发展良好，中部次之，西部发展较为落后；社会阶层结构尚未形成“橄榄型”；城乡差距较大，乡村仍在振兴中。

一方面，社会工作应以问题为导向，在促进中西部发展、提升中低收入人群的收入、推动乡村振兴等领域开展服务，致力于将“蛋糕”做大，推进经济高质量发展。另一方面，社会工作通过整合资源、社会倡导、政

策影响等方式促进东部支援中西部、阶层流动、城市反哺农村，推进共同富裕。无论是区域、阶层抑或城乡的共同富裕，本质上涉及特定范围内关系网络的资源分配问题。社会工作要促进资源的流通与充盈，就是要促进城乡流动、区域流动、阶层流动，促进流动性机会的供给。同时，社会工作也要强化在基础性保障中的作为，如在促进“兜底性”社会保障、基本公共服务均等化方面应发挥专业优势。

（四）社会工作助推共同富裕型社会转型

费孝通先生提出“差序格局”这一概念，学界广为关注的是“差序”，而轻视了“格局”的深意。费孝通的“格局”与潘光旦的“体”是一致的。学界通过对共同富裕的研究梳理发现，当前研究基本上是从市场、政府、慈善等单一角度出发，如何协调好市场、政府、慈善之间的关系，合理促进共同富裕的研究尚不多见（覃诚、方向明，2022）。聚焦共同富裕的社会工作要在“体”这一层面积极作为。面向共同富裕的社会治理，要实现多方治理主体共建、共治、共享，多种治理机制互补、嵌合、协同，政府、市场和社会协作互动以完善行政机制、强化市场机制、激活社群机制，建立运作良好的社会治理体系（顾昕，2023）。社会工作可以利用专业技术，促进共建共治共享理念传播，创新推进多部门资源的激活、联动，促进治理合力的生成，畅通政府、市场和社会的关系。

同时，共同富裕是一种动态的转型。从脱贫、小康到共同富裕呈现了中国发展目标的结构性转变轨迹。从脱贫到小康是一种低度的发展，从小康到共同富裕则是一种高度的发展。前者的难度低，世界上很多国家已经实现；后者难度大，世界上跨入其中的国家并不多。关键点在于，前者是将国家纳入发展的轨道，而后者意味着第二次转型，要在持续发展的基础上建构公正社会与法治体系（任剑涛，2022）。因此，第二次转型必然要求“体”这一层面全方位地转型。这一转型并非朝夕可至，也非一次性能够完成。社会工作应当打破临床社会工作的局限，将视线转向社会转型的关怀上，基于社会倡导、社会宣传、政策影响、组织建构等宏观社会工作的框架，在理论研究和实践层面加以助推。

五、结　语

1969 年在纽约举行的联合国社会福利部长会议，提出探索治疗性、维持性和发展性介入之间的适当平衡（Gray，2022）。发展性社会工作是一种积极的回应，但对发展不平衡问题缺乏继续的探索。如何共享发展成果、减少贫富分化则是西方主流社会工作尚未回答的问题。社会整体进入富裕社会、全体人民都富裕、全面富裕、消除了两极分化但存在合理差距的普遍富裕，是共同富裕的四个重要特征（李军鹏，2021），这超出了西方发展性社会工作的理论视野。中国改革开放以来的发展成就让致富早已成为社会共识，当前如何实现共同富裕则是一个需要思想和行动不断转变、不断谋求社会认可的实践性课题。笔者在西方发展性社会工作理论的基础上，提出共同富裕的“点线面体”，指出聚焦共同富裕的社会工作需要在共同富裕主体、共同富裕人际关系、共同富裕群际关系、共同富裕社会上全面展开，突出发展成果的关系性分配及其共享实现路径。

参考文献

[1] MIDGLEY J. 社会发展：社会工作实践的一种取向［J］. 吴利娟，译. 中国社会工作，1998（3）：21－23.

[2] 邓小平. 邓小平文选：第 3 卷［M］. 人民出版社，1993.

[3] 习近平. 扎实推动共同富裕［J］. 中国民政，2021（20）：4－6.

[4] 龚云，杨静. 共同富裕是物质富裕和精神富裕的统一［N］. 光明日报，2022－01－10（6）.

[5] 李春根. 推进共同富裕要统筹效率和公平［EB/OL］.（2022－11－03）［2023－12－21］. https：//m.gmw.cn/baijia/2022－11/03/36135287.html.

[6] 杨宜勇，王明姬. 多层次理解共同富裕内涵［EB/OL］.（2021－08－26）［2023－12－21］. http：//www.rmlt.com.cn/2021/0826/623107.shtml.

[7] 王思斌. 困弱群体的参与性共同富裕与社会工作的促进作用［J］. 社会工作，2022（1）：1－8.

[8] 莫腾飞，曾守锤，唐立. 迈向第三次分配：社会工作推动共同富裕的作用与机制［J］. 新疆社会科学，2022（2）：156－163.

[9] 徐选国，秦莲. 社会工作参与共同富裕：何以可能？何以可为？［J］. 学习与实践，2022（6）：100－112.

［10］MIDGLEY J. Defining social development：historical trends and conceptual formulations［J］. Social development issues，1994，16：3－19.

［11］PATEL L. Social welfare & social development：in South Africa［M］. Cape Town：Oxford University Press，2005.

［12］MORRISON J D. Using a social development paradigm as an approach to re-balance the profession of social work［EB/OL］.（2010－07－01）［2023－12－21］. http://www.globalsocicalwork.org/vol3no1/Moriis on.html.

［13］吴世友，朱眉华，苑玮烨. 资产为本的干预项目与社会工作实务研究设计：基于上海市G机构的一项扶贫项目的试验性研究［J］. 社会建设，2016，3（3）：48－57.

［14］向德平，程玲. 发展性社会工作的脉络、特点及其在反贫困中的运用［J］. 西北师大学报（社会科学版），2019，56（2）：47－52.

［15］马凤芝. 社会发展视野下的社会工作［J］. 广东社会科学，2014（1）：222－228.

［16］叶敬忠. 共同富裕研究的问题导向与短板视角［J］. 社会科学集刊，2022（6）：94－100.

［17］何雪松. 城乡社会学：观察中国社会转型的一个视角［J］. 南京社会科学，2019（1）：83－88.

［18］杨超，何雪松. 社会工作的关系视角［J］. 学海，2017（4）：134－140.

［19］王道勇. 社会团结是推动共同富裕的社会基石［N］. 北京日报，2022－05－30（9）.

［20］陈宣霓，陈涛，彭凯平. 构建“心态协同”下后易地扶贫搬迁时代共同富裕大格局［J］. 宏观经济管理，2021（10）：33－40.

［21］汤因比，池田大作. 展望21世纪：汤因比与池田大作对话录［M］. 荀春生，朱继征，陈国梁，译. 北京：国际文化出版公司，1985.

［22］覃诚，方向明. 三十年来中国共同富裕研究进展：基于CiteSpace文献计量分析［J］. 兰州学刊，2022（5）：24－35.

［23］顾昕. 共同富裕的社会治理之道：一个初步分析框架［J］. 社会学研究，2023，38（1）：45－67.

［24］任剑涛. 发展结构之变：“共同富裕”的宏观论题［J］. 理论探讨，2022（3）：28－38.

［25］GRAY M. Developmental social work：a strengths praxis for social development［J］. Social development issues，2022，24（1）：4－14.

［26］李军鹏. 共同富裕：概念辨析、百年探索与现代化目标［J］. 改革，2021（10）：12－21.

聚焦内生动力的社区抗逆力模式探索

芦　恒[①]　张鑫鹏[②]

摘要： 近几年，农村地区发展内生动力不足的困境逐渐显现，出现了治理机制封闭化、小社区“圈层领导”化、社区变革潜力和灾害管理能力弱化等诸多风险。社区抗逆力理论在农村社会工作领域的指导意义也愈加凸显。然而，现有研究大多集中于风险和灾害的应对能力塑造，对常态化农村地区内生动力挖掘和发展能力塑造的关注不足。因此，笔者尝试建构一种适用于日常化背景下兼顾预防风险和发展取向的农村社会工作介入框架。该框架试图发掘农村社区的内外部优势资源，强调从关怀奉献力、社区发展变革力、社区统筹联治力、社区信息沟通力等角度，培育并发展农村社区的抗逆力，推动形成资源利用充分、治理体制完善的抗逆性社区，从内生动力的角度增强乡村振兴的可持续性。

关键词： 社区抗逆力；内生动力；农村社会工作；乡村振兴

一、引　言

随着乡村振兴战略的深入推进，内生动力成为习近平总书记扶贫和乡

基金项目： 国家社科基金重大项目“东亚乡村振兴的社会政策比较研究”（18ZDA119）的阶段性成果。

① 芦恒，男，博士，吉林大学哲学社会学院副院长、教授，研究方向为城乡基层社会治理、农村社会工作。

② 张鑫鹏，男，吉林大学哲学社会学院社会工作硕士研究生，研究方向为农村社会工作。

村振兴论述的重要组成部分。内生动力这一概念强调贫困群众主体性的提升和贫困地区地方政府能动性的提高，并着重强调乡村居民能力的提升和乡村资源优势的发挥对乡村振兴战略的重要性（王晓毅、梁昕、杨蓉蓉，2023）。这与社区工作领域中抗逆力理论所强调的对居民主体性的尊重、社区内部优势和潜能的挖掘，以及内部资源的充分利用等观点是不谋而合的（刘玉兰、彭华民，2019）。此外，纵观改革开放以来农村几十年的发展历程，以及农村社会工作参与农村发展的研究成果，我们不难发现，农村更需要的是一种内生性的发展，即充分发掘农村的内生优势，塑造和培育社区的内生动力以积极主动地应对环境污染、人口外流、基层政权薄弱、群体性事件等自然和社会风险，整合性地思考如何实现农村发展（芦恒，2019）。因此，从社会工作理论视角出发，以内生动力助力乡村振兴在很大限度上可以被解读为抗逆力理论指导下农村社会抗逆力的挖掘和培育。

目前基于抗逆力理论开展的农村社会工作研究大多从微观视角出发，聚焦个体或者边缘弱势群体（如农村地区的留守儿童、残障儿童、学生、特教教师、青年女性、已婚妇女、留守老人等）的抗逆力培育。并且，已有的关于社区抗逆力培育的研究往往集中于城市社区。少数学者从灾后重建的角度分析了农村社会工作的应对过程。但是，研究者对乡村振兴背景下农村应对日常风险的抗逆力的研究略显不足。因此，笔者尝试构建一个适用于日常化生活中，能够激发农村发展内生动力的社区抗逆力培育框架，助力乡村振兴发展战略的实施。

二、“抗逆力”视域下农村社会工作的介入现状分析

（一）个体抗逆力理论下的介入实践

抗逆力是指一种反抗逆境的能力，它是工程学、积极心理学、社会工作的核心内容。其原意是弹性、弹力，引申到心理学上是指个体在处于困难、挫折、失败等逆境时的心理协调和适应能力（沈之菲，2010）。对于

个体抗逆力的概念界定，主要有特质论、结果论和过程论三种观点。特质论将抗逆力定义为个体所具有的包含人格特质和自我观念的能力、潜能和特质（陶欢欢，2009）；结果论强调在环境和危险因素改变的情况下，抗逆力就会随之发生变化，所以个体抗逆力应被视为适应良好的结果，而不是一种固定的品质（乔倩倩、贾志科，2014）；过程论者认为，抗逆力是危险因素和保护因素在某一时点上相互影响、博弈的过程（Watt et al., 1995）。基于此理论，众多学者针对农村边缘弱势群体的需求，在农村社会工作领域开展了以下几个方面的介入实践。

其一，农村留守儿童和青少年群体的抗逆力培育研究。严骏夫、徐选国（2020）论证了抗逆力对留守儿童教育和成长的重要意义，认为抗逆力在家庭社会资本、社区社会资本、学校社会资本、朋辈社会资本对教育获得产生作用的过程中发挥了重要的中介作用。同时，还有学者强调社会工作者要从个人、家庭、学校、社区等层面，对留守儿童进行全方位的干预（万江红、李安冬，2016）。此外，王玉香、杜经国（2018）强调要特别关注青少年生存与发展的特殊性，将提升留守青少年抗逆力的内在保护因子和外在保护因子进行有机结合。总体上看，针对农村留守儿童和青少年群体的抗逆力培育，研究者重视外在环境的力量，建构家、校、社有机联动机制，为农村留守儿童搭建起了健康成长的空间。

其二，农村留守老人的抗逆力培育研究。农村留守老人往往需要承担农业劳动和教育孙辈的重任，可能陷入“社会疏离”和“自杀风险”的困境。李卓、郭占峰（2016）针对社会疏离给农村留守老人身心健康和生活质量带来的消极影响，以抗逆力理论为指导，从个体、家庭和社区三个层面进行了干预实践，并通过效果评估验证了抗逆力对提升农村留守老人的内部保护因子和外部保护因子的重要作用。同时，邓玮（2014）从抗逆力视角为有自杀风险的留守老人设计了相应的介入方案，强调社会工作人才队伍建设，以及发展本土化、专业化、社区为本的社会工作的迫切性。

其三，农村女性群体的抗逆力培育研究。在农村居民抗逆力培育的过程中，女性的增能工作一直是较为薄弱的环节，存在知识匮乏、能力欠缺等突出问题。有学者强调可以从抗逆认知和抗逆支持两个方面提升农村女性的抗逆力，以减轻角色冲突给其造成的困扰（何得桂、张硕，2020）。此外，还有部分学者认为，农村女性抗逆力的培育要从内部和外部两个维度入手：内部抗逆力的提升要做好女性的知识传递、能力培养和精神建构，外部抗逆力的提升要从政策、社会支持网络两个方面着手（刘文静，2022）。

总之，从不同群体的抗逆力培育研究中，我们不难发现，个体抗逆力理论指导下的介入实践，既强调目标群体自身的抗逆力培育和增能，也强调外部支持体系的构建，甚至是以多方联动提升个体抗逆性。

（二）社区抗逆力理论下的农村社会工作介入实践

在个体抗逆力理论广泛应用后，学者们提出了“社区抗逆力”。这一概念被广泛运用于社区风险管理、社区灾后重建、社区营造、农村扶贫开发等社区发展领域。社区抗逆力指的是社区具有的抵挡风险或衰败的能力。这一概念与物理因素、服务供给能力、个体的社区认知等因素有关（Leykin et al.，2016）。在中国本土情境中，作为一种社会风险管理的新视角，社区抗逆力有狭义和广义两种定义：狭义的社区抗逆力是指社区系统在遭受破坏或打击后的一种复苏能力，侧重于事件发生后社区的自身补救、恢复；广义的社区抗逆力是指社区在应对重大公共卫生事件、地理和自然灾害等突发性危机时所应具备的快速反应、自救、恢复、重建和灾后预防的能力（朱华桂，2012）。在农村社会工作领域，抗逆力理论指导下的研究成果多为风险不确定性背景下的农村风险管理或应急治理机制研究。部分学者认为当前我国乡村系统风险治理面临着生态脆弱、生计系统萎缩、社会文化失范、互助功能式微等问题，需要我们提升乡村组织的抗逆力，增强乡村系统风险治理的抵抗能力、复原能力和适应能力（盖宏伟、牛朝文，2021）。特别是在新冠疫情的冲击下，农村社区居民的公共危机防范意识、社区的群众力量动员能力、应急治理法治化水平、应急治理保障性资源等抗逆性因素对我国广大农村地区的疫情防控工作产生了重要影响（金莹、刘艳灵，2022）。此外，有学者还关注到了风险背景下社区抗逆力显现出的更新转换能力，并提出了适应能力是转换能力的基础，在适应走向转换的过程中，由于能力的差异性，主体会建构出不同的抗逆力结构等观点（魏爱春、李雪萍，2019）。这也说明了社区抗逆力理论在日常化背景下对农村发展仍发挥重要的指导作用。

不同学者往往会根据自身的研究重点，将社区抗逆力操作化为不同的指标。总体而言，应用较为广泛的指标体系有两种：一种是朱华桂（2013）将人口因素、经济因素、制度因素和物理结构作为社区抗逆力的构成要素和指标体系；另一种是奥罗克（O'Rourke，2007）提出的 4R 框架，强调从技术、组织、社会、经济四个维度，分析社区抗逆力具有的内固性、储备性、资源动员性、快速性的强弱。胡曼等（2017）将费弗鲍姆（Pfefferbaum）设计的抗逆力评价表进行了汉化，并结合中国社区的特点构建了一个较为完整的社区抗逆力评价表（以下简称“CART”），为我国的应急管理评价与社区发展规划提供了具有深远意义的指导框架。基于这些评估框架，学者们往往会根据所研究社区的具体情况，通过选择、剔除和权重赋值等方式，对指标进行相应调整，以评估社区抗逆性的强弱，进而全面提升社区对困境的适应、响应和恢复能力。

然而，从操作性角度出发，应用较为广泛的前两种评估框架往往更适用于在宏观层面上评价城市社区在面临突发性事件或公共危机时的抗逆性。而 CART 的评价指标相对来说更具普适性，也更具发展性，适用于农村社区抗逆力评估。4R 框架中的“内固性”在技术层面上要求社区通过新型结构的编码和建构过程，评估社会方面的弱势性和社区应对的程度；在经济层面评估社区地域经济多样性的程度。但是，具备这些指标条件的社区往往是资源较为丰富、组织结构较为完善的城市社区，一般意义上的农村社区大多难以达到这些指标，导致 4R 框架容易出现与农村具体情境“不兼容”的困境。与内固性相似的 CART 中的联系与关怀指标则更为具体地从居民为社区谋福祉的能力提升、居民间互助意识和能力的提升，以及社区对居民关怀能力的提升方面进行了相应的指标构建。这些指标既能适用于突发性事件中的社区抗逆力评价，也能适用于日常化背景下的社区抗逆力分析，更具发展性和普适性。

三、农村社区抗逆性因素分析和介入路径

如前所述，传统的4R社区抗逆力框架体现出对农村社区的不兼容性。鉴于此，笔者基于社区抗逆力理论指导下农村社会工作领域的研究成果，将农村地区的人口结构、文化状况、资源禀赋等结构性特点与CART相结合，从联系与关怀、拥有的资源、信息与沟通、灾难的管理、变革的潜力五个维度对导致农村地区抗逆力不足的因素进行了相应分析，并试图构建一个日常化背景下发展取向的农村社区抗逆力的培育框架，即面对农村社区中封闭化的治理机制、利益团体下的“圈层领导”、权利轻视和标签化、小农意识和“万能成员”等日常生活中的风险，笔者在CART的框架基础上认为要从关怀奉献力、信息沟通力、发展变革力、统筹联治力四个维度发掘农村社区本身固有的、潜在的内外部优势资源，培育并发展农村社区的抗逆力，形成一个具有较高凝聚力、资源被充分利用，且有着完善治理体制的强抗逆性社区，助力乡村振兴发展战略的实施。

（一）常态化农村社区的风险分析

如上文所述，笔者将CART作为农村社区抗逆力分析的基础性框架，并结合实地调研中农村社区呈现出的诸多发展特点，对农村社区中存在的主要风险做出以下分析和总结：

首先，在联系与关怀层面体现出农村治理机制存在封闭化风险，削弱了人际关系和福利关怀程度。联系与关怀是CART的首要维度，它是从社区居民潜在的权利关系结构角度对社区进行的抗逆力分析。联系，是指社区居民在具有强烈归属感和希望感的基础上能够主动互帮互助，为社区谋取福祉。关怀，是指基层政府、社区管理者能主动了解居民的多元需求，并为居民提供社区福利服务，解决居民在生存、生计、健康等方面的问题，提高居民的生活质量。联系与关怀包括五个条目：一是社区居民对本社区有强烈的归属感；二是社区居民能致力于为本社区谋福祉；三是社区居民对本社区的未来充满希望；四是社区居民之间互相帮助；五是不论个

人背景如何，社区都能公平对待每一位居民（胡曼等，2017）。

一般而言，农村是由多个独立庭院按照特定社会空间建构所形成的一种“聚村而居”的布局。社区居民的收入结构、风俗习惯等十分相似，基于血缘与亲缘在社区内形成了一个“熟人社会”。然而，随着脱贫攻坚等国家战略的推进，如今的农村在治理模式和治理形态上大多实现了不同程度上的“合村并镇”现象。从最初的“小社区”分散自治转为了当前的“大社区”统一治理。以笔者团队调研的黑龙江Y村为例，该村从九个自然村合成一个行政村。具有同质性的自然村居民虽然仍居住在原有的社区（屯），但从“大社区”统一治理，即村委会的整体性治理上看，各个社区之间呈现出了较高的异质性。尤其是在地广人稀的东北农村，在熟人社会的作用下，村民会不可避免地自发结成一个个利益团体来分配社区内的有限资源，形成缩小版的圈层社会。例如，笔者团队在调研中发现，在分配鼓励种植黄豆的政府补贴时，村委会所在地的自然村被分到的份额会多于其他自然村。可见，村委会所在地成为资源分配中的“大社区”，实力较弱的其他自然村成为“小社区”，在分配结构中处于不利地位，导致整个村庄的治理结构具有封闭化特点。此类封闭化的治理机制削弱了社区应有的联系与关怀。从社区居民的角度出发，这种封闭化的治理机制会导致居民难以得到公平的对待，甚至被边缘化。在这样的消极作用的影响下，无论是社区的管理层，还是社区的普通居民，都会因这种分配体系逐渐丧失对社区的归属感。这在一定程度上限制了社区的进一步发展，同时也不利于乡村振兴战略的实现。

其次，在社区资源方面体现出小社区“圈层领导”化风险。社区拥有的资源是评价社区抗逆性的第二个重要维度，它是从资源分配的角度对社区抗逆力进行具体分析。拥有的资源包含五个条目：一是社区开展了关爱儿童和老年人的活动；二是社区有解决自身问题的资源（如资金、技术、物资、服务等）；三是社区拥有强有力的领导者；四是社区居民能够获得他们所需要的服务；五是社区居民知道在哪里能够解决遇到的问题（胡曼等，2017）。在“小社区”转向“大社区”治理形态后，自然村的社区居民在维护自身利益的驱使下，自然而然地结成了多个利益群体，形成了圈层的社会结构。例如，在选举新的村委会领导班子时，为了保证自身利益不会因社区合并而遭受损失，社区居民必然会将票投给自身所在“利益圈”的领导者。由于“利益圈”内的大部分居民已经认可了长期为自身带来利益的老干部，因而在村委会领导班子重组过程中，极易出现绝大多数的选票被居民“信赖”的老干部占有的状况。这导致有能力、有志向参与竞选的新生力量不得不放弃竞选机会，被动地将票投给了自身“利益圈”内公认的老领导，使社区内形成了“圈层领导”。这种选举逻辑下形成的社区领导班子，多由各个“小社区”的利益代表组成，在考虑社区整体发展和本“利益圈”利益关系方面，需要有关方面进行正确引导，并从机制上加以完善，避免不利于我国乡村振兴战略实施的社会风险的出现。

再次，社区变革的潜力和灾难的管理水平弱化风险。社区变革的潜力和灾难管理能力是评价社区抗逆力高低最具关键性的两个指标。一般而言，灾难管理大致体现在社区在灾难预防时的行动能力、在灾难发生时的应急能力，以及在灾难发生后的恢复能力，主要评估突发公共事件下的社区抗逆力（胡曼等，2017）。灾难管理能力具体包括三个方面的指标：一是社区努力预防灾害发生并为可能发生的灾难做好准备；二是在灾难发生时，社区可以提供紧急服务；三是灾难发生后，社区通过采取各种服务来帮助居民（胡曼等，2017）。社区变革的潜力则是在常态化生活过程中衡量社区能否实现进一步发展，突破自身发展瓶颈的重要指标。社区变革的潜力具体包括四类指标：一是社区能够与外部组织合作解决社区的问题，二是社区居民有共同解决社区问题的意识并能够共同努力解决问题，三是社区能够有效总结过往的经验和教训，四是社区有未来的发展规划并寻找资源以实现目标（胡曼等，2017）。

当前，乡村社区居民的福利保障仍然主要来源于亲族互助。从社区管理者的角度出发，正是这种亲族保障给予了村庄“无为而治”的合理化空间。“无为而治”的合理化也给了社区管理人员更多的权力空间。面对上级部门的各种安排和下发的各项任务，管理者有时会应付了事。从旁观者的角度看，社区中各个小组齐全，疫情防控领导小组、秸秆焚烧领导小组、各个社区网格小组、社区救火小组、防洪小组等井然有序。但是，社区内存在的各个小组几乎都是同一位领导带着相同的组员。与基层治理中的“混编混岗”不同，各个部门的职能比较模糊，存在着应然功能和实然功能不匹配、多部门下的“万能成员”的问题。这种缺乏灾害防范意识的领导小组会削弱社区的灾难管理能力，在面对如洪水、台风、疫情等突发性的公共灾害事件时，难以迅速、有效地提供相应的紧急救援服务，满足居民的需求。

最后，在信息与沟通方面，权利轻视和标签化弱化了社区的信息与沟通能力。信息与沟通能力一般被视为从信息流通性角度对社区抗逆力的具体分析。一方面是指社区在面临危机或急需解决的问题时，社区管理者与社区居民之间能够通过良好的沟通共同解决问题；另一方面是指日常化背景下社区管理者能够与居民在一定程度上实现信息共享，及时给居民提供与其利益相关的政务信息。信息与沟通具体包含四个方面的指标：一是社区通过电视、广播、报纸、互联网、邻里沟通等途径，让居民获知与其利益相关的信息；二是如果发生灾难，社区就会提供如何应对的相关信息；三是社区居民可以从社区获取到对自身家庭和工作有帮助的信息；四是社区居民信任社区的工作人员。此类能力是居民日常生活中不可或缺的，同时也是村委会与居民关系得以维系的重要保障（胡曼等，2017）。其中，政务公开是两者关系得以维系的最重要的手段。政务公开是要求政府及有关部门公开自身开展的各项事务。如《中华人民共和国政府信息公开条例》规定：“对涉及公众利益调整、需要公众广泛知晓或者需要公众参与决策的政府信息，行政机关应当主动公开。”然而，社区居民被部分农村社区管理者贴上了“没文化”“爱闹事”的标签。因此，管理者就会认为信息公开与不公开的效果没有什么差异。恰恰相反，在披露相关信息后，部分“无理取闹”的居民还会惹是生非，所以村委会往往不会主动向居民公开相关信息。务农的则以种植业和养殖业为主，居民关心的仍是与自己的收入挂钩的少部分政务信息，其他的政务信息则不在其关注范围之内。此外，村委会管理人员的标签化倾向使居民无法知道自己还有哪些应有的权利，这限制了社区抗逆力的提升，也在一定程度上阻碍了社区的进一步发展以及乡村振兴战略的实现。

（二）抗逆力理论指导下农村社会工作的介入路径

笔者团队在整合抗逆力理论、农村社会工作领域研究成果，以及对农村社区抗逆力影响因素分析的基础上，试图构建一个适用于日常生活中发展取向的农村社区抗逆力培育框架。如图 1 所示，该框架包括关怀奉献力、发展变革力、统筹联治力、信息沟通力四个维度，以促使研究者发掘农村社区潜在的内外部优势资源，助力培育并发展农村社区的抗逆力，从而形成一个具有较强内生动力、治理体制完善的强抗逆性社区。

1. 培育社区的关怀奉献力，摆脱封闭化治理困境

所谓关怀奉献力，从社区居民角度来看，其含义在于，社区居民要对社区有强烈的认同感和归属感。当社区或其他居民面临危机或问题时，居民能够主动联合起来共同解决问题；从基层政府和管理者的角度来看，社区管理人员要主动了解居民的日常生活需求，并协调相关资源为其提供社区福利服务，帮助其解决有关生计、健康等方面的问题，提升居民的生活水平。这两个方面都需要强有力的社区文化作为支撑。

面对圈层结构下的封闭化治理机制，社会工作者首先要从优势视角出发，发掘圈层结构背后隐藏的社区治理优势。例如，虽然社区中差序格局式微造成各个“小社区”之间的联系阻滞，但是社会工作者也要看到这种“大社区治理”下的差序格局瓦解为社区的进一步发展提供了不可多得的机遇和必要的发展条件，即顺应“合村并镇”之势，建构“大社区治理”体系。此类“大社区治理”之“大”，不是只靠行政命令动员居民被动参与群体性活动，而是通过开展志愿服务、举办乡村民俗仪式、开设乡村道德讲堂等方式形成整体性的村庄治理体系。因此，“大社区治理”中的“大”是指集体互动和集体意识之“大”，促使自然村的分散群体在公共文化的整合之下交往得更密切，促进村庄团结，为社区的进一步发展提供可能。进一步而言，此类“大文化”须具有较强的包容性。例如，笔者团队跟踪调研八年的农民自发开展的志愿服务案例。1998 年，当地乡贤首先带领部分农民自发学习《道德经》《孝经》《论语》，然后这些农民自发通过扫大街、建设花坛、扶贫济困等志愿服务的方式，践行传统美德。最

终在当地宣传

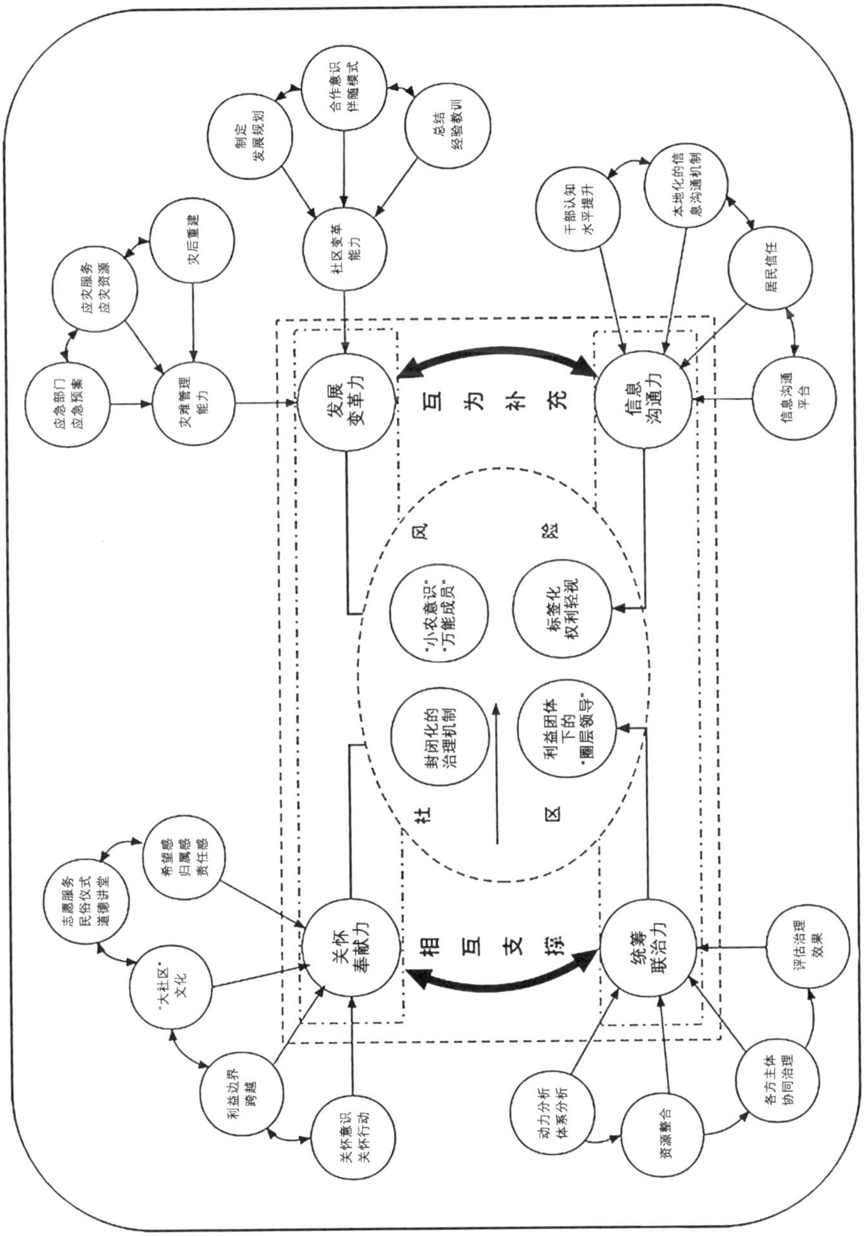

图 1 发展取向的农村社区抗逆力培育框架

部鼓励下建立了正式的精神文明组织，在全市67个村（屯）建立分会，在广大农村形成了互敬互爱、守土爱乡的农民志愿者文化网络。面对诸如此类的本土文化优势，社会工作者顺势而为，以县域为单位，加强农民志愿者的组织化和专业化建设，开展精准服务，打造农村公民道德建设主阵地。特别是乡镇社工站要重视和引导农民自发开展互帮互助活动，引入现代心理健康咨询、社会工作、社会组织管理等专门人才，从慢性病管理、心理健康、家庭治疗、临终关怀等角度开展更为专业和精准的志愿服务，在满足农民日益多元化的需求之后，进一步激活其互帮互助的公益精神，鼓励更多的普通农民参与正式的乡村公益与志愿服务组织，打造农村公民道德主阵地，从组织层面实现农民的组织振兴。可见，此类强调“和睦和美、人人奉献”的社区公共文化，提高了不同“利益圈”中的居民往来和交流的频次，重构了自然村（屯）的利益结构，增强了居民的公共意识和社会责任感。

其次，社会工作者要意识到集体利益对提升社区关怀奉献力的重要性。在构建社区公共文化的基础上，社会工作者要引导社区成员看到利益固化给社区带来的风险，使其在“必须打破利益固化状态，促进社区发展”上达成共识。同时，社会工作者要在不同群体之间进行利益协商，借助政府在集体利益再分配中的天然权威，实现由政府主导的、自上而下的利益协调（王道勇，2022）。例如，社会工作者协助村委会设立社区明星榜，定期评比“助人之星”“志愿服务之星”“环保之星”“邻里之星”等并颁发证书，给予那些主动进行利益让渡的群体相应的“面子”或荣誉，尽可能增强他们的获得感而不是带给其剥夺感，在尽量不减少其他人福利的前提下，最大限度地提升社区的整体福祉。社会工作者在“利益协商—利益置换—利益让渡”的过程中，要让社区居民感受到集体利益的提升能够带来更多的个人利益，从而舍弃最初的“利益圈”，融入“大社区”。

最后，在“大社区文化与利益让渡”的基础上，社会工作者还要激发社区管理人员的关怀意识。在利益再分配的过程中，社区管理者要主动关注社区居民的多元需求，并协调社区现有的各种资源及时为其解决生存、生计等方面的问题，满足社区居民的多元需求。同时，社会工作者还要将发展理念引入社区，促使村支书意识到参与式发展的必要性，强调社区治理过程中居民参与的重要性。例如，社会工作者协助在村委会设立“居民议事会”，由各个“小社区”的居民代表决定社区的重要事项。这一参与过程能够让居民真切感受到村委会对自身的关怀，以及自己作为社区一分子的重要性，以社区的关怀意识唤醒居民的奉献意识，恢复社区应有的关怀与奉献力，提升社区抗逆力水平。

2. 建构社区的发展变革力，提升社区变革潜力和灾难管理水平

本文中的发展变革力有两层含义：一方面是指社区在面临突发性公共危机时所需的灾难管理水平，即灾难未发生时的社区预防能力、灾难发生时的应对能力，以及灾难发生后的恢复和变革能力；另一方面是指社区在常态下的发展能力，以及在面临发展瓶颈时的突破能力。

首先是突发性公共危机背景下，社区发展变革力的培育。在社区防灾管理的过程中，社会工作者能够协助社区管理者充分调动社区资源以应对社区危机，在灾后重建阶段将应对危机时积累的资源转换为社区发展变革的基础。例如，社会工作者可以充分利用疫情防控时期日渐成熟的“三长制”①，充分利用网格长、网格员、十户长的号召力，分层级带动农村居民参与社区活动，并在此过程中提升“三长”的综合素质，培育具有较强能力的社区新领袖，发挥其在社区发展中应有的积极作用。同时，社会工作者也可以通过叙事疗法，通过外化对话、改写对话、回溯对话、界定仪式（怀特，2019），帮助村委会书记、村民委员会主任等社区管理者提升主观认知水平，协助其挖掘社区资产和农民主体性优势，激发其带动社区发展的意愿。通过这种双向的推进，社会工作者能够促使社区管理者真正意识到普通居民、生产合作社、老年协会、农民志愿者组织等各类主体的重要性，以及目前各类组织的结构和职能的不匹配问题，从而使各个主体的应然功能与实然功能相匹配，发挥各个主体在应对灾难和社区发展问题时的重要作用。

① 此处的“三长制”指的是东北农村社区的三长制度，一般由网格长、网格员、十户长构成。其中，网格长由村支书担任，统筹本村整体工作；30—40 户为一个网格，由各屯（自然村）的屯长或村警担任网格员，负责本网格的具体工作；10 户设立一长，配合网格员落实相关工作，并向上反馈村民的需求。

其次是日常化背景下，社区发展变革力的培育。一般而言，除了灾害，常态化的社区仍然面临着双重风险：一方面，从社区管理者能力的角度出发，社区管理者的能力和岗位需求存在不匹配的风险；另一方面，从部门职能角度出发，社区的应急管理部门存在应然功能与实然功能不匹配的风险。这两种风险不仅导致了包括人力、物力资源在内的社区优势资源的浪费，而且会使社区长期陷入发展停滞的状态，难以应对潜在的突发性危机。因此，在帮助社区管理者觉醒发展意识后，社会工作者应重点关注如何帮助社区管理者发掘社区的相关资源，打破社区发展瓶颈。农村社区中的主要群体虽然是常年务农的中老年群体、子女外出的留守老人，但是社区中仍然存在一些假期返乡的大学生群体，他们的文化素质较高，且能够熟练运用计算机软件，最重要的是这类群体有着强烈的志愿服务精神和责任感。因此，社会工作者要充分发掘这类群体在假期返乡时的重要作用，将各个“小社区”的返乡大学生组织起来成立志愿者服务小队，到各个自然村开展志愿服务活动，调研居民的多元需求，让社区居民真切感受到社区的变化，从而激发居民的主体意识，让其有意愿参与到社区发展中来，共同为社区发展出谋划策，真正做到集民智、聚民心。此外，社会工作者可依据地方优势，创新社会工作介入方式，建立社会工作专业院校与基层乡镇相联结的“伴随模式”：一方面，社会工作专业院校定期组织开展县、乡、村三级管理者的社会工作培训，提升管理者的工作水平；另一方面，基层管理者积极与社会工作专业院校对接，建立人才培养研究与实践基地。社会工作专业的硕士和博士以专业实习的名义下沉到自然村，在学位论文撰写与驻村社会工作服务相结合的同时，加强案例库建设，在提炼案例模式的过程中增强专业能力，最终通过这种社会工作专业人才的长期伴随模式，为社区发展注入专业性活力。

3. 建构社区的统筹联治力

“统筹联治力”大致有两层含义：一方面，它指的是社区管理者要具备最基本的资源识别能力，并明确划分社区的内部资源和外部资源；另一方面，此概念强调社区管理者在明确社区的内外部资源后所具备的对社区动力资源的统筹整合能力，以积极地协调各方主体共同参与到社区治理中来。社区动力主要是指在社群内显在或潜在地对社区多方面发展起到积极作用的力量（王思斌，2022a），如社区常住居民、居民中潜在的领导人员，包括社会工作者在内的社区相关人员、基层政府、社区中的社会团体组织，以及可能对社区发展有益的一切力量。而社区应具备的社会服务功能、个体社会化功能、社会参与和社会民主功能，以及社会控制和社会稳定功能往往要依靠这些社区动力才能得以发挥。但是，当前农村社区中的各种动力处于被孤立、分离的状态，进而出现了社区动力资源应有功能缺失的问题。

因此，社会工作者首先要意识到社区动力分析和社区体系分析工作对社区发展的重要性，协助社区管理者统筹社区内的居民和组织，开展个别化分析，了解其不同特点，并按照特性将其归纳成不同的体系。例如，社会工作者按功能、性质等因素区分出不同类型、不同取向、不同层次的动力体系。同时，社会工作者应更加强调乡村振兴背景下的农村社区与县域之间的资源共享，充分利用城镇资源满足农村社区居民的需求，充分调动社区内部和外部宏观环境中各方主体的积极性，协调各方主体共同努力、通力合作，打破各方主体各行其是、不沟通、不协调的困境。其次，社会工作者要让社区管理者意识到志愿服务赋能社区发展的重要作用，在社区内招募并组建志愿者服务队，将社区中有责任感的居民组织起来，为下一步的社区发展积累资源和打下群众基础。再次，对于乡镇社工站已覆盖的农村，社区管理者应充分利用社工站的人力资源和专业资源，实施因地制宜的发展战略，积极与其建立合作联系，并接受专业培训，充分发挥社区平台的基础作用、社会组织的服务承接作用、社会工作者的支撑作用，以及社区志愿者和社会慈善资源的推进作用，积极有效地推进各方主体参与社区发展和建设并发挥应有的作用（王思斌，2022b）。最后，社会工作者应利用专业资源建立社区治理评估体系，明确持续性、效率性、公平性等社区治理实践中的考核指标。社会工作者应尽可能促使不同乡镇在遵循科学性、实践性、民主性的原则下，进行定期的交叉评估，及时发现问题并解决，提升社区应有的统筹联治力，逐步将分散、被孤立的社区打造为内生动力充足的抗逆性社区。

4. 积极塑造社区的信息沟通力，以应对社区信息与沟通困境

一般而言，在面临危机或急需解决的问题时，社区管理者能够及时提供应灾信息，并通过良好的沟通与社区居民共同解决问题。这种能力可被视为信息沟通力。此外，信息沟通力也是指在日常化背景下，社区管理者所具备的及时提供给居民与其利益相关的政务信息的意识，并以此获得居民信任的能力。信息沟通力虽然是 CART 的最后一个指标，但贯穿于抗逆力建构的整个阶段。关怀奉献力、统筹联治力、发展变革力的发挥都需要良好的信息沟通力。具体而言，社会工作者要看到社区管理者的标签化倾向对信息沟通力的巨大影响。因此，要建构社区应有的信息沟通力，社会工作者要做的就是从社区管理者和居民的主观认知入手，修正基层社区干部对居民的片面认知，将原有的问题视角转为优势视角。

首先，社会工作者要修正基层社区干部对居民的片面认知，提升其主观认知水平。基层社区干部的主观认知水平的提升是加强基层社区干部队伍建设的重要组成部分（芦恒，2021）。经过在东北农村的长期实地调研，笔者发现社区管理者之所以会给社区居民贴上不好的标签，主要是因为新型城镇化建设加速推进后，原有的一个村委会管理一个农村社区的模式，变成了一对多的管理模式。村委会的管理范围不断扩大，管理者的能力也有一定的局限，其压力也随之增加。长此以往，管理者不免会积攒抱怨、焦躁等较为消极的情绪。面对社区居民，管理者会不自觉地从问题视角出发，忽略村民身上固有的优良品质。例如，笔者团队在与黑龙江省 Y 村的村支书交谈时发现，其虽然习惯于从各种隐晦的角度对社区居民的文化素质和社区管理的困难程度表示不满，经常把农村地区比作现代社会的“边缘地区”，把社区居民比作文化素质较低的“社会边缘群体”，但在部分谈话中，笔者发现社区居民在他内心并非一无所长。尤其是谈到农民对于国家的重要性时，村支书一改之前的标签化态度，将农村人比作国家发展的“黑土壤”，并主动谈起社区合并之前，其管理下的社区凭借巨大的玉米产量曾不止一次被评选为“乡镇模范玉米种植村”。在笔者询问取得该成就的原因时，其逐渐克服了之前的偏见，开始谈起社区居民总是勤勤恳恳地耕作，并自发帮助家庭困难用不起农机具的居民等一系列故事。村支

书内心中“不思进取”的居民形象也慢慢转为“勤劳耕作”的农民老大哥形象。因此，社会工作者可以结合社会工作的实务技术（如叙事疗法中的问题外化、改写生命故事等），逐步修正社区管理者的主观认知，变“问题视角”为“优势视角”，去除管理者内心给社区居民贴上的不好的标签，挖掘出管理者自身潜在的责任感和使命感，促使其积极与居民沟通，修复两者之间的信任关系。

其次，社会工作者要协助社区管理者搭建村委会与村民间的信息沟通平台。信息沟通平台的搭建，要求社会工作者既要引入现代化的技术手段，也要充分利用社区现有的信息沟通资源。一方面，社会工作者要了解社区现有的信息沟通资源，如村务公示栏、村集体会议、宣传标语、高音喇叭、“三长”微信群等，弄清楚哪些应该沿用、哪些需要更新，以及哪些可以进行转化。另一方面，社会工作者要在充分利用现有资源的基础上，引入数字化技术手段，创新信息沟通模式，打造具有本地特色的信息沟通平台。例如，社会工作者可以借鉴浙江的“村情通”经验，为农村社区链接技术较为成熟的新媒体公司的资源，将互联网技术引入社区治理，率先在党支部建设、村务公开、村务管理等方面实行移动信息化管理（田毅鹏、胡曜川，2021）。此外，在浙江经验的基础上，社会工作者还要结合本地优势资源，逐步探索适合本地情境的信息沟通模式。例如，社会工作者将“村情通”与“三长制”“吹哨报到机制”相结合，在“村情通”里加入“村民吹哨，‘三长’报到”板块，当居民遇到无法解决的生活问题时，可在“村情通”中寻求十户长的帮助，十户长如果无法解决，再联系网格员，网格员如果还无法解决的话，由网格长出面协调相关资源帮助村民解决问题。此类经过“村民—十户长—网格员—网格长”的逐级问题解决模式切实解决了村民的生活难题。同样，村委会需要传递的政务信息，可以首先在“村情通”中进行公示，再经过“网格长—网格员—十户长”确保信息传递到每一户居民。此外，居民也可以通过这种层级模式了解到自己所需的相关信息。总之，“村情通+‘三长’制”这样的线上线下相结合的模式打破了原有的干群信息不对称、村务信息不透明的沟通困境。

四、结论与讨论

近年来，在风险社会的背景下，农村社会工作研究大多集中于农村社区在突发性危机事件上的预防和介入，具有预防和补救相结合的研究取向，但缺乏针对日常化背景下农村社区发展取向的研究。鉴于此，社区抗逆力理论视域下的农村社会工作具有兼顾预防风险与发展相结合的取向，既能关注到农村社区在面临突发性危机时的适应能力，又能关注到常态下社区的变革能力，从更为宏观的角度为农村社会工作的介入提供针对性的指导。因此，笔者将社区抗逆力理论作为基础性理论，结合实地调研中农村社区呈现出的常态化状态下的诸多风险，针对农村的抗逆性问题，从关怀奉献力、发展变革力、统筹联治力、信息沟通力四个维度，建构了日常状态下的农村社区抗逆力框架，以助力乡村振兴战略的实施。

不可否认的是，农村社会工作所面对的问题往往具有复杂性和综合性，并非通过一两个介入框架就能解决的。这就要求农村社会工作者具备多元化的研究视角和整合性的介入模式。同时，社会工作者还要随着外在环境的改变，综合分析农村社区治理的优劣势，创新“互联网+社区治理”等社区治理方式，积极打造现代化的“未来社区”。此外，国外农村发展的经验也启示我们要具备政策思维和可持续的发展观念，既要强调政策引领下的农村社区发展，也要关注乡村发展的持续性问题。那么，农村社会工作如何在充分发挥政府等有关部门主导作用的基础上，协调好“经济”“环境”“文化”三者的关系，并精准回应乡村振兴中“产业兴旺、生态宜居、乡风文明、治理有效、生活富裕”的时代内涵，将是我们需要进一步讨论的议题。

参考文献

[1] 王晓毅，梁昕，杨蓉蓉. 从脱贫攻坚到乡村振兴：内生动力的视角［J］. 学习与探索，2023（1）：29-36.

[2] 刘玉兰，彭华民. 社区抗逆力培育：流动人口聚居区治理的社会工作策略研究［J］. 人文杂志，2019（8）：114-122.

[3] 芦恒."抗逆力"视野下农村风险管理体系创新与乡村振兴[J].吉林大学社会科学学报,2019,59(1):101-110.
[4] 沈之菲.抗逆力:一种重要的心理品质[J].思想理论教育,2010(18):73-78.
[5] 陶欢欢.复原力(resilience)研究的回顾[J].襄樊职业技术学院学报,2009,8(5):80-84.
[6] 乔倩倩,贾志科."抗逆力"研究现状述评与展望[J].社会工作,2014(5):140-149.
[7] WATT N F, DAVID J P, LADD K L, et al. The life course of psychological resilience: a phenomenological perspective on deflecting life's slings and arrows [J]. The journal of primary prevention, 1995, 15(3): 209-246.
[8] 严骏夫,徐选国.社会资本、抗逆力与留守儿童的教育获得:基于7省"农村中小学生发展状况调查"的实证研究[J].中国农业大学学报(社会科学版),2020,37(2):96-105.
[9] 万江红,李安冬.从微观到宏观:农村留守儿童抗逆力保护因素分析:基于留守儿童的个案研究[J].华东理工大学学报(社会科学版),2016,31(5):26-35.
[10] 王玉香,杜经国.抗逆力培育:农村留守青少年社会工作服务的实践选择[J].中国青年研究,2018(10):114-119.
[11] 李卓,郭占锋.抗逆力视角下留守老人社会疏离的社会工作干预模式[J].华中农业大学学报(社会科学版),2016(6):78-84.
[12] 邓玮.农村老年人自杀风险的社会工作干预模式:以抗逆力视角为例[J].中国农业大学学报(社会科学版),2014,31(1):33-40.
[13] 何得桂,张硕.积极抗逆力视角下农村已婚中青年女性角色冲突的类型及优化路径[J].领导科学论坛,2020(3):75-87.
[14] 刘文静.乡村振兴背景下农村女性抗逆力提升途径探讨:以金寨县L村为例[J].惠州学院学报,2022,42(5):124-128.
[15] LEYKIN D, LAHAD M, COHEN R, et al. The dynamics of community resilience between routine and emergency situations [J]. International journal of disaster risk reduction, 2016(15): 125-131.
[16] 朱华桂.论风险社会中的社区抗逆力问题[J].南京大学学报(哲学·人文科学·社会科学版),2012,49(5):47-53.
[17] 盖宏伟,牛朝文.从"刚性"到"韧性":社区风险治理的范式嬗变及制度因应[J].青海社会科学,2021(6):119-127.
[18] 金莹,刘艳灵.抗逆力塑造:乡村社区应急治理新框架[J].农业经济问题,2022(2):29-40.
[19] 魏爱春,李雪萍.易地扶贫搬迁中抗逆力动力机制的建构:基于渝东M镇易地扶贫搬迁安置点的考察[J].华中农业大学学报(社会科学版),2019(5):37-45.
[20] 朱华桂.论社区抗逆力的构成要素和指标体系[J].南京大学学报(哲学·人文科学·社会科学版),2013,50(5):68-74.
[21] O'ROURKE T D. Critical infrastructure, interdependencies, and resilience [J]. The

bridge，2007，37（1）：22－29.

［22］胡曼，郝艳华，宁宁，等. 中文版社区抗逆力评价表（CART）信度和效度评价［J］. 中国公共卫生，2017，33（5）：707－710.

［23］王道勇. 社会合作何以可能：集体利益论与集体意识论的理论分析与现实融合［J］. 社会学研究，2022，37（5）：111－129.

［24］怀特. 叙事疗法实践地图：修订版［M］. 李明，曹杏娥，党静雯，译. 重庆：重庆大学出版社，2019.

［25］王思斌. 共同富裕视域下农村困弱群体社会支持体系的建构［J］. 中华女子学院学报，2022，34（1）：5－11.

［26］王思斌. 乡村振兴中乡村社会基础再生产与乡镇社会工作站的促进功能［J］. 东岳论丛，2022，43（1）：169－175.

［27］芦恒. 找回责任：社区干部“诉苦”的叙事实践研究［J］. 社会工作，2021（2）：11－22.

［28］田毅鹏，胡曜川. 农村政策传递过程中的技术选择及乡土契合性初论［J］. 社会政策研究，2021（4）：49－61.

发展性社会工作中的经济向度：社区经济理论作为分析框架的应用

何宇飞[①]　付　芳[②]　肖龙玥[③]

摘要： 目前发展性社会工作的定义具有一定的模糊性。经济向度对于界定发展性社会工作具有重要意义，并有助于厘清三个重要的实践类型。吉布森-格雷厄姆（Gibson-Graham）的社区经济理论可以延展成为某些发展性社会工作实践经济向度的分析框架。原有理论中的“必需品”“公地”“剩余”“消费”四个维度可以分别用以分析相关实践的工时和工资的确定过程、公共资源的类型和使用、经济产出的分配原则、服务对象的消费需求和消费观。利用这一分析框架分析来自华南山区的一个生计发展项目，可以提炼发展性社会工作实践的策略特点，如经济-社会的双重属性、赋能和文化适应性原则的运用等；同时也有助于揭示发展性社会工作实践中关于劳动积极性、群体个人主义和宏观环境限制等方面的张力。

关键词： 发展性社会工作；经济向度；社区经济；吉布森-格雷厄姆

作为一个概念，发展性社会工作因在发展中国家具有适用性，在近年来受到中国学者的关注。如果以“发展型社会工作”或“发展性社会工作”为篇名关键词，在中国知网上进行搜索，我们可以发现，截至2023

基金项目： 国家社科基金青年项目“嵌合视角下农村发展型社会工作的实践路径研究”（21CSH064）的阶段性成果。

① 何宇飞，女，博士，华中农业大学文法学院社会工作系副教授，研究方向为发展性社会工作、农村社会工作。

② 付芳，女，博士，复旦大学社会发展与公共政策学院社会工作系副教授，研究方向为医务社会工作、社区社会工作。

③ 肖龙玥，女，华中农业大学文法学院社会学系硕士研究生，研究方向为农村社会学。

年1月20日，一共有35篇期刊论文和学位论文。其中有22篇是2018年及以后发表的。根据国家社科基金项目数据库的统计，以“发展型社会工作”或“发展性社会工作”作为项目名称立项的一共有四项。其中三项是在2021年及以后立项的，而最早的一项是在2011年立项的。

近五年来，发展性社会工作在论文发表与基金立项中出现的频率快速增加。这一概念的兴起，距离它一开始进入中国学者的视野（刘继同，1996），已相差了20多年。这一方面与当下青年学者的学术竞争压力较大，导致学术概念使用上的内卷有关；另一方面也反映了发展性社会工作对于社区综合发展和经济目标的强调，回应了目前乡村振兴战略的综合性，具备较强的现实价值。

然而，即使这一概念的提出者米奇利（Midgley，2010：41）也认为，这一概念内涵丰富，但迄今为止没有一个标准的表述，更遑论确切的分析框架。虽然近年来学术界对这一概念日益重视，但概念的模糊性与分析框架的缺失，依然给未来使用这一概念进行学术分析或实践指导带来了障碍。

笔者首先剖析了目前发展性社会工作定义的局限性，之后在阐释经济向度重要性的基础上，将发展性社会工作分为三类。援引吉布森-格雷厄姆的社区经济理论，为发展性社会工作在社区发展层面的经济向度构建了一个分析框架。结合实践案例，本文展示了如何利用这一框架进行经验性分析，以期弥补发展性社会工作分析框架的不足，为未来更有效的经验性研究提供参考。

一、经济向度：发展性社会工作概念的关键

（一）以特征定义发展性社会工作的不足

20世纪80年代，米奇利等学者在反思欧美治疗性社会工作模式的基础上，提出发展性社会工作这一概念，以回应发展中国家减贫和经济发展的需要（Midgley，1996；刘继同，1996）。发展性社会工作将经济目标纳入社会工作的服务内容中，要求社会工作者提升服务对象参与经济生产的能力，以更好地实现赋权和社区融入。

大多数对于发展性社会工作的定义是根据其特征来进行的。如陆德泉（2017）认为发展性社会工作能提升服务对象的资产存量、生产能力和生计水平，同时能改善其社会功能，是发展型社会政策的微观实践工具。米奇利（2010：41－47）概括了发展性社会工作的各种特征，包括变革、优势视角、赋权、社区建设、社会融合、参与、社会投资等。大部分中国学者援引他的论述，在强调发展性社会工作经济向度的同时，也结合国内实践列出了发展性社会工作的特征，包括进行社区资产建设（陈涛、杨锡聪、陈锋，2018），兼顾分配正义与社会融入（马凤芝，2014），整合社区服务和文化建设（向德平、程玲，2019）等。

上述以罗列特征为方式的定义或概念阐述至少有两个缺点：一是发展性社会工作的独特性不突出。赋权、优势视角、社区整合性等，是在其他社会工作领域亦被反复强调的特点。当人们用这些词点缀发展性社会工作时，发展性社会工作这一概念的模糊性就进一步增加了，甚至可能成为社会工作领域内一个无所不包的概念。二是并没有阐明发展性社会工作各种特点之间的逻辑关系是"或"还是"且"。换句话说，人们无法判断实践中到底要具备这些特点中的多少才算是真正的发展性社会工作实践。在这一背景下，对经济向度的重视——作为有别于其他社会工作领域的特征——成为界定发展性社会工作的重要元素。正如米奇利（2010：29）所说："在发展性社会工作中使用的许多理论概念也被用于描述其他类型的社会工作，在某些情况下，有显著的重叠。这在社区实践中可能是最明显的。然而，并非所有形式的社区社会工作都有目的地使用社会投资这一概念或充分强调经济发展的必要性。这些是发展性社会工作的基本特征。"

（二）发展性社会工作经济向度

有学者从经济增长和社会发展的关系角度来界定发展性社会工作，一定程度上可以明确经济向度对发展性社会工作的重要性。在这一脉络下，发展性社会工作的经济向度至少有三个目标：一是对经济发展有所贡献；二是用经济手段来实现社会目标；三是用于平衡经济增长和社会发展（周镇忠，2016：17－26）。

需要说明的是，这三个目标依然存在着一定的主次关系。笔者认为这三个目标并不是“或”的关系。如果我们以第一个目标为主要标准来判断相关实践是否属于发展性社会工作，那么会更加清晰准确。然而第一个目标“对经济发展有所贡献”指向相当广泛。为了便于分析，笔者将“对经济发展有所贡献”的社会工作实践分为A、B、C三类。A类实践直接涉及生产、消费、交换、分配等环节，如个人或社区生计发展类项目、社区旧物互换项目等。B类实践涉及个人的就业技能、资产处理能力等培训，虽然没有直接进入生产、消费等环节，但是在为个人收入和资产增加做准备。而C类实践看上去似乎和经济发展没有任何直接的联系，但通过推动人力资本、社会资本等生产要素的积累，长时期内也有利于个人、社区乃至国家的经济发展，如个人健康和营养水平提升项目、社区社会组织培育项目等。在这三类实践中，A类、B类实践是明显具备经济向度的，而C类从长期来说对经济发展也可能有所贡献，且涵盖范围极广。笔者认为，是否可以将C类实践作为发展性社会工作仍然有待商榷。在国际上，也正是由于C类实践被纳入发展性社会工作实践中，我们才看到了以下现象：学者们在理论层面强调生产能力和经济发展的重要性，但列举的案例并无直接与经济生产有关的要素。比如，针对流动妇女的健康驿站项目（周镇忠，2016：17－26），预防性儿童社会工作项目（Wright，2016：27－35），青少年健康教育项目（Patel and Hochfeld，2013）等，都成为发展性社会工作的案例。这类项目被纳入发展性社会工作，有两个原因：一是项目能长期促进人力资本的积累，从而有利于整个社会生产；二是西方存在大量以个体心理生理调适为主要内容的补救性社会工作。虽然补救性社会工作的服务对象主要是个人，但其服务方法以预防和人力资本积累为主，并未完全跟随微观临床干预的大流。因此，将其纳入发展性社会工作，对西方社会工作实践范式的转变依然具有一定的意义。

对于中国来说，高度专业化的微观社会工作发展尚不充分。大部分机构开展的是政府指导下的社区治理项目。其中，针对青少年和老人等群体的社区教育、社区社会组织培育等实践内容非常普遍，亦能够促进特定人群身心健康、构建社会资本。如果纳入C类实践，大部分机构开展的社区治理类项目（如五社联动类项目等）都可以被算作发展性社会工作，那么这一概念又变成无所不包的了。

因此，在我国，有必要强调经济向度在发展性社会工作中的重要性，将直接关联经济发展的A类、B类实践作为发展性社会工作的内容，来定义发展性社会工作。表1展示了笔者所理解的发展性社会工作实践类型。

表1 笔者理解的发展性社会工作实践类型

类型	特征	典型例子	是否被纳入发展性社会工作	
			国际	中国
A类	直接涉及生产、消费、交换、分配等环节	社区生计发展类项目、家庭发展账户项目、社会企业	√	√
B类	旨在提升与个人工作机会、收入、资产等直接有关的技能，从而推动人力资本提升	个人的就业技能、资产处理能力等培训	√	√
C类	推动个人营养与健康水平方面的人力资本，以及社区社会资本的提升	个人健康和营养水平提升项目、社区社会组织培育项目	√	

强调经济向度，厘清有关实践类型，拓宽了发展性社会工作的学科视野，有利于我们从经济学和社会学等学科去讨论发展性社会工作概念的演变，并且寻找合适的理论框架，用以分析相关的实践。下文将介绍社区经济理论，并用其分析案例，以作为扩展发展性社会工作学科视野的一个尝试。

二、社区经济：分析发展性社会工作经济向度的一个框架

社区经济是另类发展或替代性发展（alternative development）话语下的一个概念。另类发展是主流发展的对应词。主流发展以私有化、自由

化、市场化、全球化为特征，强调资本的积累、周转速率和盈利。它在一定的时间范围内提升了部分国家和地区的生产效率，却带来了环境被破坏、弱势人群被边缘化等后果。另类发展是适应需求（geared to the satisfaction of needs）、内生的和自力更生的（endogenous and self-reliant），以及环境友好的（in harmony with the environment）发展模式（Friedmann，1992：3）。诸如世界银行这样的主流发展机构也采取了另类发展所倡导的一些理念，如民主参与、环保等。

社区经济由凯瑟琳·吉布森（Katherine Gibson）和朱莉·格雷厄姆（Julie Graham）共同提出，她们共用一个笔名——吉布森-格雷厄姆（Gibson-Graham，2006：79－99）。她们对于社区经济的阐释与社会经济这一概念有诸多相似之处。简单来说，社区经济是主要由非国家、非市场的社会力量发起的，强调经济发展必须保障大多数劳动者的利益，必须为社会团结服务的经济发展方式（Wright，2010：1－9；潘毅等，2014：2）。借鉴马克思主义政治经济学，吉布森-格雷厄姆进一步从必需品、剩余、消费和公地四个维度建立了社区经济的概念框架。下面，笔者在介绍这一框架的基础上，对部分维度稍作调整，最终构建出一个适合分析社区层面生计发展项目的框架。

必需品这一维度主要指对劳动者基本生活标准的决定。其一是劳动者工作时间和基本工资的确定标准。吉布森-格雷厄姆指出，基本的生活标准根据地区差异、个体差异而有所不同。总体原则是劳动时间和工资的确定应当照顾到个体在社会环境中的各方面需要——不仅包括维持劳动简单再生产的需要，还包括实现劳动者的价值和尊严、帮助他们发展良好社会关系的需要。比如，在确定妇女产假的长短和产检期间的工资时，有关部门应当考虑下一代的健康和家庭代际关系。其二是决策过程要民主。劳动者应参与到工时和工资的决定中，以最终做出符合伦理的决策（ethical decision）。

对于剩余这一维度，吉布森-格雷厄姆主要考虑分配的公平性。马克思用剩余劳动解释剩余价值，并最终引出剥削[1]这一概念。吉布森-格雷

① 剩余劳动指劳动者生产某种商品所需要的（社会必要）劳动时间，减去为了维持劳动者基本生存和繁衍（劳动再生产）所需要的（社会必要）劳动时间。马克思强调的是这两者之差所创造的剩余价值落入资本家腰包，最终形成剥削。

厄姆则提出剩余价值进入社会公共领域的可能性，包括通过政府的转移支付、邻里互助和慈善事业等，为弱势群体改善生存条件。吉布森-格雷厄姆将这些进入公共领域的剩余称作社会剩余，将引导社会剩余形成的各类机制称作剩余的分配（surplus distribution），以区别马克思所说的资本家对剩余的占有（surplus appropriation）。在剩余这一维度，社区经济的特征就是存在社会剩余，能够流入公共领域并为社区的改善作出贡献。

消费这一维度有两个内涵：一是应当注重生产性消费（productive consumption）对提高生产效率的作用。马克思对生产性劳动（productive labor）和非生产性劳动（unproductive labor）进行了区分，前者直接创造剩余价值，如工厂工人；后者不直接创造剩余价值，如工厂管理人员等。从非生产性劳动的概念获得灵感，吉布森-格雷厄姆提出了生产性消费这一概念——-能够帮助人们释放更多时间用于工作或享受闲暇的消费，如购买洗衣机。二是应当提倡良心消费（ethical consumption），即消费行为应当降低负外部性，有利于环保、可持续发展和社区凝聚力提升等，如购买有机食品、将家庭储蓄捐献出来组织社区公众聚会等。对于消费这一维度，吉布森-格雷厄姆认为社区经济不该强调某一项活动的必要性，而应当看到各种经济活动、社会活动彼此的关联。在社区层面，社区经济应当鼓励开展有利于社区凝聚力提升和公共资产积累的活动；在个人层面，社区经济则应当重新审视哪些是必要的消费以及如何消费。

公地这一维度比较容易理解，指社区经济中应当有大家共享的公有资源，部分类似于马克思所说的公有制下的生产资料。不过，吉布森-格雷厄姆意向中的“公地”超过了生产资料的范畴，还包括健康保障体系、互联网的共享信息等。针对哈丁（Hadin）的“公地悲剧”理论，吉布森-格雷厄姆指出这只是因为社区成员没有将其他人看作共同体的一员。公地可以直接向公众提供生存必需的资源，这也是社区成员归属感的来源。同时，公地也意味着大多数人拥有对于生产资料或其他共享资源如何使用的决定权。

吉布森-格雷厄姆的社区经济理论有着重要的意涵。一是重构了“经济活动”的定义，继承了波兰尼的思想，将社会性作为经济活动的重要元素。不在传统“生产主义”话语下的行为，如礼物交换、社区凝聚力建设等都被其纳入了经济活动的范畴。二是从指导实践的角度，细致地呈现了一个美好社会的应然图景和社区层面的乌托邦想象。

因此上述四个维度的本意是为了描绘社区经济的应然景象，并不在于构建对事实的分析框架。由于上述四个维度可以关联到社区生计发展类项目的内部和外部运营的各个环节，并且解释比较完备，加上社区经济的概念具备以经济手段解决社会问题的特征，所以它们非常适合被用于分析以社区生计改善为主要内容的发展性社会工作实践。为了更清楚地说明如何使用这一框架，下文将举例进行分析。

为了逻辑连贯，笔者将依照“必需品、公地、剩余、消费”的顺序进行案例描述和分析，并根据案例对相关维度的原有解释稍作调整。分析的目的不仅在于提取不同维度发展性社会工作的策略，而且将进一步探讨相关的困境及其成因，从而解剖实践、积累经验。

三、案例简介

春熙村是中国南部某省的一个自然村，位于大山深处，属国家森林保护区和水源保护区，人口约为400人。

受保护水源限制，春熙村无法发展工业和养殖业，在项目组最初进驻时，村内人均年收入在3000元以下。春熙村山地较多，人均耕地面积不到400平方米。大多数村民居住在20世纪六七十年代修建的老式泥砖房里。村民主要种植水稻、蔬菜供自己食用。在项目组调研期间，村民的主要收入来源是售卖在山地上种植的砂糖橘。

青田社会工作服务中心（以下简称“青田”）是一家专注中国农村社会工作发展的机构，其主要理念包括公平贸易、保护小生产者、保护生态环境、实现城乡互助等，在全国多地有项目点。青田从2009年开始在春熙村实施社区生计发展项目，辅之以社区文化再造。项目的初始资金由县级市政府资助，期限为三年。项目内容主要包括乡村旅游、生态种植和手工农产品开发。青田先在村中开展文娱活动和基础设施修缮活动，以聚集人气，了解村民需求。之后，青田从村民中选出了比较弱势的妇女组成乡村旅游互助组。利用项目资金，青田帮助互助组租下几间民居并装修成为乡村旅社。同时，青田也组织其他有兴趣的村民开展生态种植和开发手工农产品。

笔者于2012—2015年先后多次探访春熙村，最长驻村时间为半个月，最短为两天，搜集了大量的访谈和观察资料。需要说明的是，本文中提到的案例素材发生在2015年之前项目奠基和发展的关键期，并非发生在最近。笔者于2024年再次探访该村，发现经历10多年培育的各村民组织和村中积极分子依然在开展乡村旅游和生态种植等业务，且开办了老人食堂。

四、案例分析

（一）必需品维度

吉布森-格雷厄姆、卡梅伦和希莉（Gibson-Graham，Cameron，and Healy，2013：55）在论著中补充了对必需品维度的解释，认为这一维度的目的在于提醒人们反思“为了工作而生活”还是“为了生活而工作”。其深层内涵是对劳动商品化和人的异化的反抗。结合这一点，笔者曾将这一维度延伸为对商品化问题的处理，即分析发展性社会工作项目在多大限度上需要将劳动商品化，以改善服务对象的生计水平；在推动社区内劳动商品化的同时，是否有一些机制可以防止或缓和劳动的异化问题。笔者最终提出了把另类商品化的概念作为分析工具，在此不再赘述这一分析思路。

除了对商品化问题的处理，必需品维度还可以按照吉布森-格雷厄姆在最初的论著中提到的原始含义，即公平地确定劳动者的工作报酬和工作时长，分析帮助服务对象确定劳动报酬标准的过程和挑战。

1. 劳动价值被尊重

在本案例中，青田对于劳动价值的确定过程有两个明显特征：一是决策过程民主，让服务对象参与到劳动价值的计算中；二是强调产品的最终价格体现劳动价值。

以旅馆客房定价为例，共12间房，乡村旅游互助组共七人。定价依据为：在12间房住满的条件下保证小组七人的劳动所得达到市场上的平均水平。互助组成员提出，当时当地的劳动力价格大致为女工65元每人每天。照此标准，七人一天总的工价为455元，平均到每间房间的劳动成本约为38元。估算每位房客每晚要承担的水、电费，公共澡堂的煤气费和房租，成本约为10元。那么每间房间每晚的价格至少应为48元。互助组最终将房间价格定为：单人间每晚50元，双人间每晚60元。作为村中弱势的妇女，互助组成员有的有身体残疾，有的失去丈夫。她们没有外出打工也意味着收入来源有限。参与到定价过程、了解产品的最终定价包含她们的劳动价值，让她们感受到了对于自己的肯定。从这个意义上讲，定价过程在解决项目推进中的实际问题时，也充当了赋能的工具。

2. 计算工时的困难

让劳动者参与计算自己的劳动价值也会存在一些问题。在春熙村，笔者目睹并参与了一种被叫作“O果精”（化名）的产品制作过程，也更为熟悉它的定价。O果精取材于当地种植的O果，由项目培育的手工小组开发生产。其制作工艺较为复杂，过程中不可使用金属器具，只能手工利用陶制工具生产。作为高浓缩的水果产品，35斤左右的O果只能制成一斤O果精。生产的最后一步最为烦琐，需将之前压榨过滤好的果汁装入瓦罐内，放在炉火上熬煮。其间，炉火不能熄。在熬煮过程中，必须不时搅拌果汁，保持果汁受热均匀，并防止果汁与瓦罐底部粘连，待蒸发掉大部分水分，就能得到最终的产品。熬煮过程通常需要一至两天，且昼夜须有人看管。

乡村旅游互助组和手工农产品开发小组（共三人）都参与了本次生产，但最终两组计算出来的单位产品价格相差了一倍。这主要是对工时计算的差别所致。手工农产品开发小组三人一共做了两天，产出一斤最终的产品。旅游互助组一共有六人参与，做了三天，产出四斤最终产品。但手工农产品开发小组认为三人并不是一直同时在生产一线，还有吃饭和睡觉的时间，因此小组成员商议按照1.5个人力、劳动28小时计算。旅游互助组则认为是六人做满了三天。这样平均到每斤产品上，两组的工时相差较大。

显然两个小组的主观计算标准差距较大。手工农产品开发小组的计算方式更符合实际情况，而社会工作者在定价过程中为了顾及旅游互助组的感受，也一直慢慢引导她们意识到自己计算方法的缺陷。但是旅游互助组一开始比较坚持自己的计算方法。她们认为在熬煮果汁的过程中，参与本次生产的六位组员都在，且夜里均没有休息，因此需要对六位成员都进行补偿。从文化的角度来看，旅游互助组的妇女们团结一致为自己争取更多的利益，符合乡村熟人社会中的伦理。但从经济角度，她们的计算方式将导致产品的最终价格更高，从而失去部分市场竞争力。而她们最初对于自己价格计算方式的坚持，也曾引起了手工小组的质疑。社会工作者需要花费更多时间在两个小组之间沟通。经过多次商讨和协调，最终两个小组均同意参照市场同类产品的价格，确定 O 果精的定价为每两（50 克）90 元。

上述过程至少为发展性社会工作项目的经济维度带来两个启示：一是社会工作者“尊重劳动价值”的理念与准确衡量劳动价值的需求之间存在张力。本案例中，劳动者一开始依照自己的方式计算工时。虽然社会工作者曾有意识地质疑了旅游互助组的计算方法，但最终由于缺乏衡量劳动的公认标准，而先采纳了劳动者自己计算的工时，两组最终计算结果差异显著。二是发展性社会工作项目中不同的生产小组之间存在博弈。社会工作者必须了解不同小组行为逻辑的出发点，并在照顾服务对象（同时也是劳动者）心态情绪的基础上平衡组间博弈。

（二）公地维度

公地在社区经济中指可以被成员集体使用的、为整个社区带来利益的资源。在这一部分，笔者将借鉴经济学对于公地的视角，将公地维度延伸，以分析利用共有生产资料劳动时的分工。

吉布森-格雷厄姆认为公地可以“带来社区利益”，其隐含的假设是人们能够合理地使用和管理公地。然而，经济学家对公地的看法却相对悲观，认为管理公地存在难度。他们认为公地存在非排他性和竞争性。非排他性是指个人在使用公地资源时无法排除其他人同时使用，竞争性则意味着资源使用者人数的增加会导致资源退化（Ostrom et al.，1999）。哈丁（Hardin，1968）提出了“公地悲剧”理论，认为公地使用容易产生“搭便车”的行为，导致很多人并不愿意在公地的维护和管理上投入自己的时间和精力。

虽然经济学中的“公地”概念和社区经济理论中的“公地”略有不同，但其对于公地管理困境的思考深刻地揭露了经济理性假设下人性的弱点：当一种资源是“我们”的，那它就不是“我”的；“我”可以从“我们”中获益，却可以减少为了“我们”的投入，以达到自我利益的最大化。发展性社会工作实践也经常面临这样的困境。当社会工作者帮助服务对象建立了共享的生产性资源，人们是否愿意积极投入其中？在共享性生产资源之上，人们如何进行劳动分工，以更加合理地提高劳动积极性，解决“我”和“我们”之间的张力问题？因此，从公地维度可以先探讨帮助服务对象建立的公地类型及其意义，再探讨服务对象对公地之上的劳动分工方式及其合理性的看法。

1. 公地的建立

在案例项目中，乡村旅馆、互助组的公田，以及青田为生态农产品提供的销售渠道都可以被称为互助组的公地。笔者主要聚焦前两种公地的建立与使用。

最先出现的公地是乡村旅馆。最初，青田利用项目资金将当地几户村民的12间泥砖房租下并改造成乡村旅馆。三年后，随着乡村旅馆收益日趋稳定，青田撤出投资，由旅游互助组成员平摊房租和其他费用。此外，互助组还租了大约两亩地共同耕种。租地的原因有二：一是方便游客体验农耕。来旅馆的游客常常希望在农田里体验插秧、收割等劳动，但是由于技术不熟练，经常帮倒忙，影响田里农作物的生长。即使支付一定费用，包括互助组在内的村民们也不希望开放自家的田用于农耕体验。二是解决销售配额的问题。游客经常向互助组成员购买农产品。一开始是谁先得到信息谁就把自家的菜或米出售给游客。但时间久了之后，互助组成员就为了谁家卖多卖少而争论。有了公田之后，互助组成员可以将一起劳作所得的农产品售卖给游客，平分收入以减少争论。

可以看出，公地的建立是发展性社会工作项目保障劳动者待遇公平的手段，有助于减少因为个体获益的差异而产生的不愉快，从而有利于互助组的持续运行。

2. 模糊分工与劳动积极性

互助组成员仅在管理上有分工，比如，规定谁负责记录成本、谁负责管理维修金等，在具体的餐饮服务和旅馆服务中没有分工，采取的是“大家看到手边有什么事就去做”的方法。每个成员的具体工作任务都具有偶然性，往往是看到哪里缺人就顶上。成员间偶尔会互相提醒该去干什么。大多数时候，她们能够自己找到需要干的事情。比如，游客用餐时，炒菜、洗碗、上菜各环节的人员均不是固定的。这既说明了分工模糊，也说明了小组成员之间的默契度较高。

之所以说分工模糊，是因为互助组难以处理“将高强度工作分给谁”的问题。按照互助组成员的说法，从长期来看，每个人平均的劳动强度大体是相似的。而如果专门讨论分工的问题，在熟人社会的村子中就会显得自己斤斤计较，不利于团结。因此，分工模糊是互助组成员在本土伦理和经济理性思考之下得到的一种平衡性决策，社会工作者并未过多干预。这也是发展性社会工作经济向度的社会和文化属性的体现。

不过分工模糊的张力依然存在。笔者曾见到某一位互助组成员在洗剩下的碗筷，但其他人坐在一边，没有帮忙。有时各成员对需要做什么的看法也不一致，偶尔有所抱怨。但总体上旅馆运营工作进行得很平稳。

分工模糊的张力在公田上体现得更加明显。农业的产出周期比较长，无法在当时检验劳动成果，难以监督当下的劳动。同样，互助组没有为公田里的农业劳动安排分工。互助组的公田有两块，一块用于种植水稻，一块用于种植蔬菜。蔬菜地块产量很低，最后基本上无人管理。而水稻地块是全村最后一块插秧地。笔者目睹了互助组插秧的过程，各成员到达的时间不一。有的选择常规的插秧方式，有的则选择更省力气但可能更容易让秧苗产生倒伏风险的抛秧方式。这充分说明了各成员在公地上的劳动投入程度不同，最终水稻的产量也不一样。

本案例展现的公地建设、集体生产、分工模糊具有两面性。一方面在于能够帮助组员解决销售额和劳动强度被更公平分配的现实问题，也能够引导成员在共同生产中强化对互助组的归属感和认同感。另一方面在于农业生产当中的劳动积极性问题依然没有得到较好的解决，这表明发展性社会工作实践要慎重考虑采用以土地为公地资源和农业集体劳动的生计发展方式。

（三）剩余维度

在社区经济的理论框架中，剩余维度强调分配的公平性与社会剩余的产生。剩余维度其实与公地维度密切相关，涉及如何分配公地的产出。围绕这一维度，我们可以探讨发展性社会工作实践中的分配问题。它既和分工紧密相连，是一种劳动管理机制；也对激发成员劳动积极性至关重要，是一种劳动激励机制。同时，这一维度也可以帮助探讨如何产生并利用社会剩余，以扩大项目的影响力。

1. 平均分配

互助组在每批客人离开后都会进行账目核算，核算时列出以下明细：总收入、成本、纯收入、分红、维修金、社区公益金和青田公益金。其中，维修金是互助组的集体积累，用于维护旅馆基础设施；社区公益金符合社会剩余的原则，用于春熙村村内基础设施改善和弱势群体帮扶；互助组考虑到青田对旅馆前期有所投入，就将旅馆运营的一部分盈利返还给青田，这部分盈利成为青田公益金，被投入其他地区的公益项目。

互助组主要有餐饮和住宿两类服务，其中餐饮服务中纯收入的70%被用于分红，20%被放入维修基金，10%被放入社区公益金。旅馆服务中纯收入的65%被用于组员分红，15%被放入青田公益金；剩下的20%中的2/3被放入互助组维修基金、1/3被放入社区公益金。

乡村旅馆运营的大部分纯收入都被用于组员分红。这是青田和组员经过反复商议共同决定的。而组员分红按次数开展，采用了平均分配的原则，即个人只要参与对该批次游客的服务，就可以拿到本次分红，且每位组员的分红数量相等。每位组员都需要照顾自己的家庭和耕种自家的土地，难免出现有人偶尔请假的情况，因此按每次参与与否分配比较公平。平均分配是互助组的绝对原则，甚至餐饮服务的多余饭食也会被平分给参与当次劳动的组员。平均分配是与分工模糊相匹配的原则，也是互助组所有组员的共同选择。它既回应了模糊分红下的关键假设——长期平均每个人的工作量和工作强度相同——是分工模糊背后传统农业社会伦理价值的延伸，也是每个成员不“算计”做多做少、拿多拿少的表征。平均分配这一原则对外亦宣示着互助组的团结一致。

2. 社会剩余与有限的影响力

社区公益金的设立在价值上体现了社会剩余关照社区的原则，在现实上具备缓和其他村民和互助组成员紧张关系的作用。

在青田的引导下，互助组联合其他村民，用社区公益金修建了两间小型水冲厕所，结束了春熙村没有水冲公厕的历史，既方便了到村游客，也方便村民使用。此外，互助组还利用社区公益金购买礼品，在传统节日慰问村中老人。

青田的社会工作者在设置社区公益金这一过程中发挥了积极的作用。互助组的成员数量有限，项目无法容纳更多的村民直接改善生计，这会在村中将互助组和其他村民“区分”开来。春熙村在当时还是贫困村，边际收入的增加会引起大部分人的注意，甚至“眼红”。结果就是在旅馆刚开业时，其他村民对互助组成员议论纷纷。实际情况是，其他村民在初期招募时考虑到前期劳动没有收入且未来旅馆盈利情况不明，因此积极性不高。当项目发展到一定时期，一些村民看到互助组成员收入增加后又觉得自己“被排斥”了。

设置社区公益金在某种程度上是为了缓和生计项目中的受益人数有限所引发的与其他村民潜在的“对立”关系。但是这种缓和的作用依然有限。一个重要原因是互助组在项目运行过程中或多或少地展现出了群体个人主义。比如，游客提出购买农产品时，互助组成员会首先推荐自家或亲戚家的，这使部分村民对于项目的“排他性”感受加剧。此外，项目整体规模不大，导致社区公益金规模较小，这也是原因之一。

（四）消费维度

在生计发展类社会工作项目中，市场链接是重要的工作。在消费维度，吉布森-格雷厄姆实际上是在提倡构建替代性市场，即重新反思主流市场价格信号之外的社会关系，尽可能解决只依靠价格进行交易决策而导致的环境污染、小生产者利益受损等问题。替代性市场强调买卖双方，尤其是消费者需要考虑商品交换背后的伦理问题，从而通过商品交换履行一定的社会责任，比如，环保、给予小生产者更高的价格、保护传统文化等。在具体表现形式上，替代性市场包括物物交换、公平贸易、社区货币、社区支持农业等多种形式。不少发展性社会工作实践的确践行着替代性市场的原则进行产品和服务的营销，但同时也面临小众化、规模有限等困境。因此，分析发展性社会工作如何开发相应产品和服务、确定目标消费者，以及在此过程中面临的挑战，是社区经济理论中消费维度带来的启示之一。

消费维度还可以帮助考察发展性社会工作的服务对象自身的消费状况，展示服务对象理想中的消费水平和生活标准及其与发展性社会工作所倡导的范式之间的张力。这一思路和必需品维度中的部分内容有所重合，其实质是考察在目前广泛商品化的宏观环境中，消费主义可能对服务对象和发展性社会工作实践产生的影响。

关于本案例的市场链接问题，笔者已经在其他论著中做了详细说明，揭示了社会工作者构建替代性市场可能面临的结构性和操作性困境。下文将重点描述和分析春熙村村民的消费需求及其对发展性社会工作实践的影响。

1. 消费主义和城市文化的侵扰

村民对于现金的需求最为迫切。其原因除了教育和医疗等必需品的商品化程度的提升、公共服务不够完善，消费主义的侵扰也产生了较大影响。

在项目刚落地春熙村时，村民们最大的需求便是更换新式住房。当地政府对符合条件的困难家庭进行老旧房改造补助，标准为每户4.5万元，按当时的市场价格大概能够修建45平方米的砖房。但这一面积对于大部分村民来说太小了。许多拿到补助的家庭会借钱修建多层面积超过 200 平方米的房子。村民们对房子内部装修的期待也比较高。大部分人家在新房修建后会铺上地板，在客厅会安装大的有装饰作用的吊灯。红木沙发或仿制品也很流行。加上配置家电，春熙村两层楼的新房装修平均需花费 15 万~20 万元。

除了新房，在项目进驻初期，智能手机和上网流量也是春熙村许多年轻村民的刚需。笔者在 2012—2013 年驻村调查时，遇到不少从初中或技校毕业的本村青年。他们在村里待业，智能手机成为他们打发时间的必备工具。他们的智能手机一般是中低档品牌，但每个月的上网流量费用却较高，大都超过 50 元。对于当时的春熙村普通村民来说，这是一笔不小的开销。互助组的一个成员在谈到自己每个月给两个儿子支付流量费用时，也不禁摇头叹息。

对于新房和智能手机的需要，一方面是因为生活水平提升，另一方面是因为部分村民过度追求高标准的装修和超长的上网时长，明显超出了普通村民的负担能力。这种矛盾产生的原因之一是外出打工、就学使村民们受到了城市消费主义的影响。村民们经常表达出“向城市看齐”的意愿，其描述的生活愿景也多来自广告、外出务工看到的城市景象。对于新房和手机等现代消费的需求充斥着这个古老的村庄，但村庄却缺少充分的发展机会，以及向内流动的资源去满足这些需求。

2. 经济目标与社会目标的冲突

由于村民对于现金的大量需求，经济目标成为互助组成员的首要目标，以至于有时难以响应项目对于社会目标的追求。

本案例中，社会工作者从一开始就希望互助组成员们的生计发展需求能够融入环境保护、传统建筑文化保护、妇女赋权等各种社会目标。而项目设计也的确围绕这些目标进行，比如，引导互助组成员和其他村民进行生态种植、在乡村旅馆中布置老物件并配上相关说明等。但是在项目进行的前几年，互助组成员们更看重的是项目到底可以为自己带来多少实质收益。如果社会工作者要求的生产方式存在收益风险，比如，生态种植可能造成产量下降，那么互助组成员就会排斥相关的倡议，甚至出现口头答应但私下违背的情况。

另一个典型的例子是互助组成员对传统民居的态度。一方面，他们经营乡村旅馆，利用传统民居的独特建筑形态吸引游客，增加收入；另一方面，他们增加收入的目的则是给自家修建新房。原有项目设计中的“生态价值”和“文化价值”让村民乃至互助组成员难以理解，致使服务对象与社会工作者在理念上产生了一定的隔阂。

五、结论与讨论

经济向度是界定发展性社会工作的重要元素。以是否具备经济向度作为定义的标准，可以弥补以罗列特征作为定义方式的诸多不足。按照经济向度的具体内容，发展性社会工作可以被分为三类：一是直接干预个体或社区的生产、消费、交换、分配环节的实践；二是与个人短期生产能力直接有关的人力资本（如技能水平）提升实践；三是与个人长期生产能力有关的人力资本（如营养水平、教育水平等）提升实践。

吉布森-格雷厄姆提出的社区经济理论至少为社区生计类的发展性社会工作实践提供了分析框架。如表2所示，笔者将这一理论的不同维度延展成为分析发展性社会工作实践的视角。

表2　根据社区经济理论构建的发展性社会工作实践的分析框架

社区经济的维度	分析视角1	分析视角2
必需品	工时和工资的确定及其挑战	对商品化和劳动异化问题的处理※
公　地	公共生产资源的类型和设置	在公共生产资源之上的劳动分工
剩　余	经济产出的分配原则及其合理性	是否存在以及如何使用社会剩余
消　费	服务对象的消费需求和消费观	市场链接策略※

注：※为笔者在其他论著中使用过但并未用于本文案例分析的视角。

本文详细解释了各维度延展出的分析视角的内涵，并就如何使用表2中的分析框架做了示范。这一分析框架既可以描述社区生计类实践经济向度的现状，也可以解释相关的制度性安排，并在此基础上考察发展性社会工作遭遇的各种结构性和操作性困境。

本文的案例分析从经济向度展示了社区生计类发展性社会工作实践的策略特点。一是具备经济-社会双重属性，即在提升服务对象生计水平的同时，关注分配公平、社区团结、生态环保等非经济目标。二是在决策过程中坚持赋能和文化适应性的原则：赋能体现在大部分有关分配和分工的原则是互助组自行决定的；文化适应性则意味着虽然一些制度安排不具备经济上的效率，比如，分工模糊和绝对的平均分配，但符合当地的社会伦理。因此，社会工作者并未进行过多干预，从而保证了互助组持续运行。

同时，案例分析也揭示了社区生计类发展性社会工作实践的部分张力：一是互助组的内部张力，比如，成员间的劳动积极性有所差别，先顾自家生产再顾集体生产；二是互助组成员和村庄内其他村民的张力，规模有限的受益群体可能产生群体个人主义，使没有参与项目的村民产生不公平感；三是发展性社会工作实践和外部宏观环境的张力，以消费主义对村庄侵蚀表现得最为明显。一些张力仅靠社会工作者难以得到完全的解决，但发展性社会工作者可以通过分析类似的案例，在开展实践前对可能出现的情况和困难形成预判。在实践过程中，社会工作者也可以思考一些操作性方法来缓解相关张力带来的影响。

本文是一个单案例研究，部分结论在笔者调研的其他案例中也有体现。未来需要把更多的发展性社会工作实践案例作为分析对象，以产生更加系统的知识。发展性社会工作在经济向度上的策略可以在多大限度上实现社会工作的价值目标和现实作用？它对今天中国的社会工作乃至更广泛的社会政策有什么样的启示？这些问题依然值得研究。

参考文献

[1] 刘继同. 如何认识新时期的农民问题：全国当代农民问题研讨会综述 [J]. 中国特色社会主义研究，1996 (1)：59-61.

[2] MIDGLEY J. The theory and practice of developmental social work [M] //

MIDGLEY J, CONLEY A. Social work and social development: theories and skills for developmental social work. New York: Oxford University Press, 2010: 27－63.

[3] MIDGLEY J. Involving social work in economic development [J]. International social work [J], 1996, 39 (1): 13－25.

[4] 陆德泉. 社会发展视角探索社会工作的本土化策略：以南非建构发展性社会工作体系的路径为例［J］. 中国农业大学学报（社会科学版），2017，34（3）：35－45.

[5] 陈涛，杨锡聪，陈锋. 发展性社会工作的本土化理论及实践［J］. 新视野，2018（4）：62－68.

[6] 马凤芝. 流浪青年的发展性社会工作介入策略：以社会企业介入模型为例［J］. 中国青年研究，2014（3）：31－35.

[7] 向德平，程玲. 发展性社会工作的脉络、特点及其在反贫困中的运用［J］. 西北师大学报（社会科学版），2019，56（2）：47－52.

[8] 周镇忠. 发展性社会工作的实践：以社区为基础的参与式研究［M］//黄琢嵩，郑丽珍. 发展性社会工作：理念与实务的激荡. 台北：松慧有限公司，2016.

[9] WRIGHT A C. 从国际视野看社会工作与社会发展：发展性社会工作策略［M］//黄琢嵩，郑丽珍. 发展性社会工作：理念与实务的激荡. 台北：松慧有限公司，2016.

[10] PATEL L, HOCHFELD T. Developmental social work in South Africa: translating policy into practice [J]. International social work, 2013, 56 (5): 690－704.

[11] FRIEDMANN J. Empowerment: the politics of an alternative development. [M]. Oxford: Basil Blackwell, 1992.

[12] GIBSON-GRAHAM J K. A postcapitalist politics [M]. Minneapolis: University of Minnesota Press, 2006.

[13] WRIGHT E O. Envisioning real utopias [M]. London: Verso, 2010.

[14] 潘毅，严海蓉，古学斌，等. 社会经济在中国：超越资本主义的理论与实践［M］. 北京：社会科学文献出版社，2014.

[15] GIBSON-GRAHAM J K, CAMERON J, HEALY S. Take back the economy: an ethical guide for transforming our communities [M]. Minneapolis: University of Minnesota Press, 2013.

[16] OSTROM E, BURGER J, FIELD C B, et al. Revisiting the commons: local lessons, global challenges [J]. Science, 1999, 284 (5412): 278－282.

[17] HARDIN G. The tragedy of the commons [J]. Science, 1968, 162: 1243－1248.

社区发展实践中的"赋权"：当代权力理论与实践经验

王　怡①

摘要："权力"是社会发展和社会关系中最重要的概念之一，权力理论也是社会科学领域研究讨论的重要核心。传统政治往往将权力看作一个带有消极和对抗性质的概念，相较之下，社区发展实践中的权力被视为可创造的，"赋权"尤其成为一个重要的理念并在社区发展中被广泛探讨。然而，虽然"赋权"这一概念近年来已引发国内学者的广泛关注，但"赋权"背后所包含的一脉相承的权力理论仍旧缺少较为明晰的梳理，这影响了社区发展领域的研究者、实践者做出对于"赋权"更深层次的价值意义的探索。笔者旨在结构性梳理当代权力理论的发展轴线，试图厘清"赋权"在社区发展实践中的应用，理解不同形式的"赋权"及其背后的权力观，并借鉴"权力魔方"这一与"赋权"相关的最前沿的理论框架，提出中国社会发展实践可能借鉴的经验。

关键词：权力理论；赋权；权力魔方；社区发展

一、引　言

在任何群体中，权力等级（power hierarchy）的存在总会造成个人或团体间权力分配的不平等。在权力等级中占据更高位置的人通常拥有更多

① 王怡，女，博士，现为浙江工业大学公共管理学院特聘副研究员，研究方向为青年社会学和社区发展。

的权力，处于权力等级较低位置的人在社会中则被边缘化。拥有越少的社会资源，也就意味着越难维护自己的利益。由此，权力往往被视为一个相对消极的概念。权力被置于“权力-依附”的关系中，与“社会平等”“社会正义”等价值概念形成了对立（Emerson，1962）。

在社区发展的实践中，“赋权”（empowerment）的重要性被着重强调。从字面上看，“赋权”在中文中是指“赋予权力”这一行为。而在英文学术中，社区发展中的“赋权”被定义为：创造具有可持续性的结构性条件与机制，使社区成员提高对自身发展的可控性，从而反过来影响与社区发展相关的社会公共政策（Craig，2002）。从这个意义来说，“赋权”是一个持续的过程，而非简单的结果。

综观目前国内社会科学领域有关“赋权”的研究，可以发现“赋权”一词已经成为新晋“流行术语”，与其相关的论文发表数量呈现逐年增长的趋势。但是，这些论文大多属于应用研究，将“赋权”的概念应用于互联网与传播（吕文增，2018；刘乐乐、张淑华，2021）、基层治理（郑晓华，2014；王孟聪、居正，2020）、乡村社区发展（邓智团，2015；陈宁，2020）等领域。不管是从字面还是含义上，权力都位于“赋权”这一概念的核心位置，但这些研究并未从权力理论本身出发，系统性、根本性地对“赋权”的概念进行梳理，深入理解与解释其背后的权力观念。

针对这个研究缺口，笔者依据当代重要的权力理论，深入探索了社区发展中的“赋权”概念，尝试具体理解和回答以下问题：“赋权”理论下的权力具体是指哪些内容和形式？“赋权”背后的权力观是如何形成的？国际上，社区发展领域最前沿的权力理论是如何构建有关“赋权”的权力框架的？这些讨论或许能够帮助我们更好地认识有关权力的理论与实践，学习在社区发展过程中切实的“赋权”经验。通过切实的调研经验和研究案例，笔者提出了对于“赋权”理论在未来值得进一步关注的创新方向，强调了中国经验和中国视角在其中应当扮演的重要角色。

二、权力：不同的面目与形式

笔者首先以史蒂文·卢克斯（Steven Lukes）提出的权力的三个维度

理论（three dimensional views of power）为出发点，结构性地梳理权力的不同面目与形式，以更好地反思社区发展中复杂的权力实践，获得一个更具批判性的视角来理解社会正义、社会公平和社会融合所蕴含的意义。

1974 年，卢克斯在《权力：一种激进的观点》（*Power: a Radical View*）一书中提到了权力的三个维度理论。第一个维度的权力指权力拥有者对权力未拥有者的一种公开的强迫行为，即 A 通过强迫 B 做其不想做的事情来行使权力。第二个维度的权力指权力拥有者通过制定规则来实现权力的控制，即 A 将无权、弱势的 B 直接排除在参与制定（适用于所有人的）规则的议程之外，这同样是相对可见的一种权力控制行为。第三个维度的权力是更加隐蔽，甚至不可见的权力行为，指当权者通过内化权力的概念来影响其他人对权力的认识，并决定什么是可能的、什么是不可能的。即 A 通过潜移默化地影响、塑造、决定 B 的思想意识来达到权力控制。在此过程中，B 甚至意识不到 A 在对其进行权力控制。

第一个维度的权力形式早在 1968 年由罗伯特 · A. 达尔（Robert A. Dahl）提出，由此引发了权力概念在社会学界受到充分重视。面对分散性、多元化的社会权力，达尔（1969：79 - 93）希望建立一个系统化、精细化的词汇库，以更好地理解、形容它。达尔把社会权力对国家权力的重要制约作用当作一种信仰，将其贯穿自己多元民主理论的始终（周仲秋、钟义凡、周圣平，2010）。他认为，广泛的民族解放运动不仅是民主构想的唯一出路，还是关注国家政治结构运行中无时无刻涌现的政治决策考量。民主之所以能够存在，更应该归功于多元社会的作用——由于权力在社会分配中呈现分散和不平等的特性，权力的主体也具有多元性，这使政治社会资源不完全集中在少数固定群体中，也使社会拥有了对抗国家权力的条件和可能，国家的权力受到了有效的约束。

由此可见，达尔理论中的社会权力显现形式主要强调了国家与社会之间的相互制约，甚至相互对抗的性质。在此基础上，巴克拉克和巴拉茨（Bachrach and Baratz，1970：47 - 48）提出应该进一步将权力的范围和强度也纳入考量。他们认为权力等同于权力及其背后所代表的全部资源，并将其统称为“权力的声望”（a reputation of power）。巴克拉克与巴拉茨对于权力的分析研究，将权力从偏表象性的层面提升到了一个偏行为性的层面，将“制度性偏见”（institutional bias）纳入了权力形式的考虑。他们认为权力不仅体现在达尔所强调的显性决策过程中，不一定要通过直接强迫来实现权力控制，权力还可以通过设置一定的规则，有选择性地邀请或限制成员参与而得以实施。由此，巴克拉克与巴拉茨提出，保持制度的客观中立是保证真正民主自由系统运作的关键。

巴克拉克与巴拉茨的权力理论为认识和理解权力增加了一个新的维度。在双维度的权力认识之上，卢克斯继而提出，有意控制或限制社会个体的行为不只体现在设置“制度性偏见”上，很多根植于历史的、具有结构性和文化性的因素，都在不知不觉地影响着社会个体和群体的行为模式。人并不需要公开地被强迫做什么，或者设置规则来阻碍人们参与，仅在日常生活、文化意识的影响下，人们便会无意识地接受一套价值体系并觉得这一切都是理所当然的。卢克斯将其归纳为第三个维度的权力——即使不存在来自具体代理人实施的具有指向性的权力影响，意识形态上的影响也能对人进行更为隐蔽的权力控制（Lukes，1974：29）。在这样的权力认识下，卢克斯认为社会关系既具有偶然性，又具有决定性：偶然性体现在社会个体拥有参与和行动的权力，即 A（理论上）拥有做出不同行为的主观能动性；而决定性体现在，在长期的社会结构的文化影响下和道德意识的规训下，A（本质上）失去了做出不同行为的可能性。

与卢克斯权力的三个维度，尤其是第三个维度密切相关的是，米歇尔·福柯（Micheal Foucault）提出的权力和知识的关系，以及该关系在不同的历史环境中的表现。福柯认为，权力和知识相互建构，是一股贯穿全社会的“能量流”。无论对个人、机构还是国家来说，权力隐匿在知识之中，也如同人体中无处不在的、“流动着”的毛细血管一样隐匿在各种社会关系中（Foucault，1980：92）。通过隐性的权力控制，权力所有者将各种形式和各种层面的知识、论断、叙述合法化，利用这些话语权维持统治和从属关系，使用监控和审查等重要手段“规训”大众（Foucault，1979：266－268）。对于日常生活中的大众来说，一方面，他们无时无刻不在为社会注入来自个体的社会属性；另一方面，他们的社会属性又被统治话语体系下的价值观和知识权威影响、控制和塑造着。大众在长期无意识中形成的“理所当然”便体现了权力控制与操作的结构性“常态”。

三、权力观与赋权理论

基于上述对权力理论的基础认识，笔者发现权力在社区发展的实践中可以通过不同的形式展现。其中最常见的权力行为是“权力控制”（power over），即权力所有者和既得利益者通过对权力进行有意的控制，防止弱势群体得到或转移权力。当权者得以实现对权力控制的主要原因在于他们拥有足够的资源，比如财富、知识、教育和文化等（Taylor，2003：119）。面对权力控制形式，社会工作者和实践者以实现社会公正为目标，努力改变普通社区成员与权力所有者之间的不平等关系。他们在关注赋权尝试的同时，也会以“赋权”的视角去观察和理解实践中“去权”（disempowerment）的行为和因素（Toomey，2011）。

针对这种理解，有人认为“赋权”这一概念中存在着一个悖论：既然一方可以赋予另一方权力，这是否也意味着，如果权力所有者愿意的话，其可以随时再把这个权力拿走。这种“赋权”的悖论与上述有关权力控制行为的理解方式一样，都体现了一种“零和”（zero-sum）的权力观念，即认识的基础在于权力是有限的，一个人拥有了权力就意味着另一个人要失去权力。“零和”的权力观也决定了更加偏向“零和”途径的赋权方式，比如减少对原本权力所有者的控制，相应地增加弱势群体对于相关发展议题的协商权和决定权。由于权力所有者主动放弃权力的可能性较小，这种实现“赋权”的过程也就不可避免地会发生冲突与对抗（Gaventa，2019：125）。

然而，人们如何认识权力从某种程度上决定了不同的自我、权力，抑或存在其他认识角度。不同于“零和”的权力观，在多元论者看来，权力是可以被创造的，也可以是“正和”（positive-sum）的。比如，福柯在论述关于知识和权力的理论时提出，权力并不只是消极性的、否定性的；权力可以生产和建构；权力可以从新的存在方式和存在状态中生成（罗骞，

2015）。福柯强调了权力具有一种并非静止的、相对的、流动的和累积的特质。一个在某些领域拥有更多权力的人，可能在别的领域成为弱势者。因此，权力可能通过不同的方式被社会关系中的行动者使用、分享和创造。在如此“正和”的权力观之下的赋权便是一种权力的“共赋”，是在相互理解和信任的基础上，通过讨论和参与创造更多的权力，从而增加不同团体声音被听到的可能（Luttrell et al.，2009）。如果接受了“权力是可被创造的”这一前提，赋权的最终目的便不再是取代原本的权力所有者，而是从本质上增加选项，以达到权力的共赢。由此，行使权力的行为就不再局限于权力控制，新的权力形式出现了，包括“权力赋予”（power to）、“权力共赋”（power with）和“权力内化”（power within）。① 这些权力形式构成了对“赋权”概念的新理解。

首先，“权力赋予”是赋权实践中最常见的一种权力形式。从字面上看，“权力赋予”暗示了一种权力从A到B的流动，以及A和B两个群体之间的分隔。事实上，“权力赋予”更多的是强调一种行为的能力，是通过挖掘自强自信的潜能、拓宽获取资源的途径、加强对资源的控制，对现有的权力层级状况进行再认识和再组织。“权力赋予”不一定需要具备明确的方向性或关系性，而是从更加内在的角度，强调每个人都意识到自己可以拥有的权力，每个人都具有摆脱结构性束缚并有所行为的可能性。对于个人日常生活来说，这种“权力赋予”比较像是一种“把事情完成”的能力（Partzsch，2017）。

其次，“正和”权力观下的赋权形式还有可能体现为“权力共赋”。简言之，“权力共赋”指权力可以同时归于不同群体，而非局限于单一群体之中。在实现“权力共赋”的过程中，不同参与者在相互尊重、相互投入的基础上，通过发现彼此的共同利益和共享价值来完成交流与互动。“权力共赋”强调的是一种集体的力量，是通过集体行动和联盟力量创造权力，通过合作关系让权力的增加和增强成为可能（Gaventa，2006）。正如汉娜·阿伦特（Hannah Arendt，1970：44）在解释权力的时候所说的：

① 本文中关于不同权力形式（包括power over、power to、power with、power within）的中文术语是由笔者根据自己的理解进行翻译而来，有待与更多学者商榷并进行更多的讨论。

“人类对于权力的能力不仅体现在个体可以有所行为，更重要的是有所‘协力协为’，当我们说一个人拥有权力的时候，其实是在说以其为代表的一群人的权力。”由此来理解“权力共赋”这种赋权形式，我们会发现其不仅关注个体能力的提升，还强调组织层面对群体的赋权，涉及更多群体之间连接、合作、联盟的赋权策略。

最后一种赋权形式被称作“权力内化”，强调对个体在自信、自我认同和自我意识等方面的增强，可以被看作个体得以自主采取行为的一个前提条件。与“权力赋予”的概念相似，“权力内化”也注重个人的权力，以及一种通过个人能力做出改变的信念。但是相比“权力赋予”着重于增加具有表现特征的潜在决策权，“权力内化”更强调意识层面上一种自尊、自觉、自知的能力。通过教育等手段的培养，个体不仅可以实现自我的成长和发展，更因此具备了重要的、可能使改变发生的能量和影响力。从这个意义上来说，“赋权”的实践包括了对身份的再认识、对物质资源的再分配、通过教育培训和技能提升实现自助，以及在此过程中产生的互助。认识和发展“权力内化”的赋权形式对于人们更好地理解、认识和反思权力十分关键。

在现实情况中，很多社区发展实践虽然宣称实现了“赋权”，但其具体的策略、具体采取了哪种权力形式等，表现得并不清晰。这使研究和在实践过程中理解并区分“权力控制”“权力赋予”“权力内化”“权力共赋”这些不同赋权形式及其背后所蕴含的权力观变得尤其重要。

四、“权力魔方”（powercube）：权力的三个立体维度

基于卢克斯权力的三个维度理论和对不同赋权形式的理解，英国学者约翰·加文塔（John Gaventa，2019：118－119）进一步创新和完善了权力理论框架。加文塔通过与其他研究者进行合作，针对当代权力理论提出了“权力魔方”的框架体系（见图1），这也成为当代社区发展和赋权实践中最重要的应用框架之一。在“权力魔方”中，加文塔把“权力”比作一

个“立方体”（cube），“立方体”的三个坐标轴分别表示不同的层面（levels）、形式（forms）和空间（spaces）。

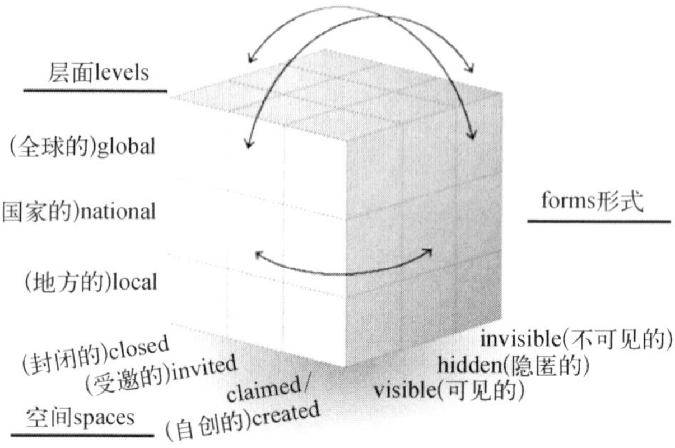

图 1 “权力魔方”理论框架

不同形式的权力这一坐标其实是还原并强化了卢克斯权力的三个维度理论。加文塔将这些权力形式称为“可见的权力”（visible power）、“隐匿的权力”（hidden power）和“不可见的权力”（invisible power）。“可见的权力”对应卢克斯第一维度的权力，是指参与决策的途径和通道是畅通可见的，通过观察决策过程中谁参与了、谁的想法得以表达和呈现、谁的声音被忽略、谁的利益得到了满足或受损，就可以看出谁拥有更多的权力。“隐匿的权力”对应卢克斯第二维度的权力，指既得利益者为了维持他们的特权和利益，通过设置游戏规则和参与屏障，把重要事项的决策权或特定事项的选择项从公共领域排除，以政治手段控制，使大众或相对弱势的群体无法参与到诸多公共事务的讨论和决策中。“不可见的权力”对应卢克斯第三维度的权力，它指很多人根本就没有意识到自己在某些领域和事项上理应拥有的权力——由于意识形态、价值观念和行为意识等方面的控制和影响，人们将这种认识内化（internalized），认为很多现状的存在是理所当然的，是毋庸置疑、无法改变的。这三种形式的权力相互作用、相互联系。例如，人可能通过直接参与公开领域的决策过程得到权力（可见的权力），从而设置屏障和规则使其他人无法继续参与后续决策

（隐匿的权力），长此以往，人们接受现状并习以为常，导致不平等的权力关系成为常态（不可见的权力）。

“权力魔方”框架中的“空间”不只是指物理上的空间，还指权力的场域和决策的“竞技场”（arena），从广义上来说包括可能影响权力决策的机会、渠道、论述、关系等。理论框架将权力空间分为“封闭的空间”（closed space）、“受邀的空间”（invited space）和“自创的空间”（claimed and self-created space）。“封闭的空间”指不对大众开放参与的决策领域，这些空间通常由精英阶层和当权统治者控制，如国家贸易决策、宏观经济政策、军事政治等领域。这不只发生在国家层面，还发生在企业、机构、团体层面，甚至日常人与人的交往生活中。为了打开“封闭的空间”，常见的策略包括增加透明度、促进信息公开、提高公众责任等。另外两种权力空间——“受邀的空间”与“自创的空间”——同前文讨论的“赋权”理论紧密相关。其中，“受邀的空间”类似具备方向性和关系性的赋权形式，是指一方对另一方发出邀请，通过咨询、建议等方法将更多参与者纳入权力空间中。对于被邀请者来说，为了增加进入“受邀的空间”的机会，他们可以努力提升自身在特定领域的技能和实力。“自创的空间”更像不具备方向性和关系性的赋权形式，它强调自己创造新的权力空间，有时也被称为“有机的空间”（organic space）。不同于已经制度化、机构化、政策化的权力空间，“自创的空间”具有更大的自发性，是一种基于共同的身份、利益或需求而组成的空间（Cornwall，2002），与“权力共赋”和“权力内化”的赋权形式紧密相关。

最后，不同层面的权力最易被理解，但最不易被应用。加文塔在“权力魔方”中主要提出了全球（global）层面的权力、国家（national）层面的权力和地方（local）层面的权力的分类。但其同时强调，如果以坐标轴的视角来理解，不同层面的权力不必囿于这种有限、固定的分类。比如，在微观上还可能包括社区（community）层面的权力、家庭（household）层面的权力和个人（individual）层面的权力等。同理，从“形式”和“空间”两个维度的坐标轴来看，权力亦不局限于上述几个类别，不同类别之间也不存在明确的界限。根据各种应用场景的需要，“权力魔方”的理论框架可被灵活进行调整、细分与创新。加文塔将“权力魔方”看作一个“连续体”（continuum）。在这个连续体中，不同形式、空间、层面的权力相互交织、相互影响，并随着时间和场景的变化而变化。

五、社区发展实践：赋权的经验

社区发展实践中往往会涉及不同群体之间复杂的权力关系，这些群体通常包括当地社区成员、社区组织/社会工作组织、不同身份背景的实践者。对当地社区来说，意识到日常社区生活中正在发生的不同形式的权力及其对自身的影响，这是至关重要的，也是可能实现真正赋权的第一步。除了追求结构层面和系统层面的正义，跨越不同文化、不同认识、不同价值观，增加个体对社会发展实践中权力关系的理解和意识也是一件更具挑战性的事情。但只有认识了自我的身份、增加了自尊自信，更广泛的、更高层面的、更积极主动的参与才有可能在社会工作和社区发展实践中得以实现。笔者正是通过对该领域当代权力和赋权理论的梳理，试图为实现这一觉知过程提供一些思路。

作为当代权力理论的“集大成者”和一种创新的形式，“权力魔方”理论框架被广泛应用于社会工作组织治理和社区发展关系的研究中。不少实践研究者将“权力魔方”作为一种教育的工具，首先分析不同语境、不同场景的社区问题，然后制定有针对性的应对策略，最后通过检验和评估，为进一步广泛的实践行动带来指导和启示（Gaventa，2019：117－138）。尤其在分析社区实践中不同利益群体之间的权力关系时，“权力魔方”可以有效地帮助人们从不同角度、不同层面认识权力，反思不同维度权力间的相互作用，理解自己在社会权力关系中所处的位置，从而促进社区发展中真实的参与，实现真正的赋权。反过来，这些应用又能不断为权力研究和权力理论的创新发展提供新的洞见。比如，笔者曾在一项有关公益组织在地实践的案例研究中，发现了另一个维度的“空间”在权力关系分析中的重要性：随着时间的改变，权力空间和权力形式可能在不同类别间相互转换，但在很多民间的社区实践中，权力也可能长期停留在一种不规范、难定义、待发展的状态。如果这种状态存在于权力的时间线上，不能被重视和正确对待，那么原本处于不平等地位的社区成员就可能受到更为隐蔽和严重的压迫。

对于中国社会发展研究而言，希望这些有关权力和“赋权”的理论，以及“权力魔方”理论框架能够引起更多关注，并被广泛地应用于实践案例。无论是研究者还是实践者，都应时刻反思社会发展过程中，包括自身作为一个能动者在内的、潜在的不平等权利关系，应意识到、接受、感知无处不在的权力和权力的复杂性，观察并理解权力关系在不同表现形式、不同空间和不同层面中的互动与变化。一方面，如果能将更多中国社会发展实践置于“权力魔方”理论框架中进行分析和思考，就会有利于研究、理解不同群体在权力关系中的角色、价值和策略，为社区发展创造脚踏实地的、积极的改变，切实提升社会工作的能力与水平。另一方面，将中国社区发展经验与以上最前沿的有关权力和“赋权”的理论进行联系，有利于将中国在该领域的叙事纳入国际讨论中，为当代权力和“赋权”理论的拓展与创新提供来自中国的新视野。

参考文献

[1] EMERSON R M. Power-dependence relations [J]. American sociological review, 1962, 27 (1): 31-41.

[2] CRAIG G. Towards the measurement of empowerment: the evaluation of community development [J]. Journal of the community development society, 2002, 33 (1): 124-146.

[3] 吕文增. 互联网赋权及其对国家的影响 [J]. 内蒙古大学学报（哲学社会科学版），2018, 50 (5): 52-58.

[4] 刘乐乐，张淑华. 乡村女性的媒介使用与自我赋权 [J]. 新闻爱好者，2021 (2): 45-47.

[5] 郑晓华. 社区参与中的政府赋权逻辑：四种治理模式考察 [J]. 经济社会体制比较，2014 (6): 95-102.

[6] 王孟聪，居正. 赋权视角下随迁老人的社区融入路径探究 [J]. 科技风，2020 (27): 177-178.

[7] 邓智团. 空间正义、社区赋权与城市更新范式的社会形塑 [J]. 城市发展研究，2015, 22 (8): 61-66.

[8] 陈宁. 女性赋权与相对贫困治理 [J]. 新视野，2020 (2): 41-47.

[9] DAHL R A. The concept of power [M] // EDWARDS D V, BELL R, WAGNER R H. Political power: a reader in theory and research. New York: Free Press, 1969: 79-93.

[10] 周仲秋，钟义凡，周圣平. 罗伯特·达尔社会制约权力理论评析 [J]. 当代世界与社会主义，2010 (6): 117-121.

[11] BACHRACH P, BARATZ M S. Power and poverty: theory and practice [M]. New York: Oxford University Press, 1970.

[12] LUKES S. Power: a radical view [M]. London: Macmillan, 1974.

[13] FOUCAULT M. Power/knowledge: selected interviews and other writings 1972-1977 [M]. Brighton: Harvester Press, 1980.

[14] FOUCAULT M. Discipline and punish: the birth of the prison [M]. New York: Vintage Books, 1979.

[15] TAYLOR M. Public policy in the community [M]. London: Palgrave Macmillan, 2003.

[16] TOOMEY A H. Empowerment and disempowerment in community development practice: eight roles practitioners play [J]. Community development journal, 2011, 46 (2): 181-195.

[17] 罗骞. 所有的力量关系都是权力关系：论福柯的权力概念 [J]. 中国人民大学学报，2015，29 (2): 63-70.

[18] LUTTRELL C, QUIROZ S, SCRUTTON C et al. Understanding and operationalising empowerment [R]. London: Overseas Development Institute, 2009.

[19] PARTZSCH L. "Power with" and "power to" in environmental politics and the transition to sustainability [J]. Environmental politics, 2017, 26 (2): 193-211.

[20] GAVENTA J. Finding the spaces for change: a power analysis [J]. IDS bulletin, 2006, 37 (6): 23-33.

[21] ARENDT H. On violence [M]. New York: Harcourt Brace Jovanovich, 1970.

[22] CORNWALL A. Making spaces, changing places: situating participation in development [R]. Brighton: Institute Of Development Studies, 2002.

[23] GAVENTA J. Applying power analysis: using the "powercube" to explore forms, levels and spaces [M] //MCGEE R, PETTIT J. Power, empowerment and social change. London: Routledge, 2019: 118-119.

社区为本：国外社会工作理论与实践的新范式

徐选国[①] 车佳明[②]

摘要：从睦邻组织运动开始到当代，社区为本的实践经历了一个从诞生到没落再到复兴的过程。笔者通过梳理国外社区为本的社会工作理论基础和实践方法，发现社区为本的理论传统主要由社群主义、结构主义、建构主义构成，在综合的理论基础上生发出四种主要实践方法：以社区为本的参与式行动研究、以资产为本的社会发展方法、以空间为本的社区发展方法、以地点为基础的社区综合方法。它们在各具特色的基础上相互融合。基于此，笔者指出了国外社区社会工作实践具有社区本位、以人为本、整合性理论与方法、跨学科工具运用等特点，并提出了能够有效推进我国社区为本的社会工作发展的反思性借鉴。

关键词：社区为本；社会工作；以人为本；整合性范式转向

一、问题的提出

现有研究认为，社区这一概念源自滕尼斯的《共同体与社会》一书

基金项目：国家社科基金项目“共同富裕进程中县域乡村振兴研究”（22VRC177）、中国社会工作学会2022年重点研究课题“乡镇（街道）社工站参与共同富裕的县域实践”（SGXHYJKT2022－2）的阶段性成果。

① 徐选国，男，博士，华东理工大学社会与公共管理学院副教授，研究方向为社会工作学理论、社区社会学、中国社会工作等。

② 车佳明，女，华东理工大学社会与公共管理学院硕士研究生。

（吴晓林、郝丽娜，2015）。滕尼斯思想中的共同体强调自然的情感联结，社区是人与人通过血缘、邻里和朋友建立起来的共同体。福莱特（Follett）于1919年提出“社区是一个过程”。20世纪三四十年代，以帕克（Park）为首的芝加哥学派对社区这一概念进行了定义。他们认为社区是按地域组织起来的人，这些人口不同程度地扎根在他们所生活的土地中，社区中的每一个人相互依赖。随后，吴文藻对滕尼斯提出的共同体与社会进行了解读：“自然社会是感情的结合，以齐一心志为纽带；人为社会是利害的结合，以契约关系为纽带。”（胡鸿保、姜振华，2002）费孝通（2000、2002）进一步将community译为“社区”并引入中国社会学研究，他提到“社区”一词中最重要的部分就是词根com，即共同的感受是最重要的。费孝通（2000）认为，社区是一定地域范围内的社会。徐永祥（2001：34）在百余种社区定义基础上指出，社区是指由一定数量的居民组成的、具有内在互动关系与文化维系力的地域性生活共同体。项飚（1998）以“聚合性”为核心，提出社区是开放且与外界互动的，它可以被看作舞台或物理中的场，是整体社会不可分割的一部分。当前关于社区的定义主要包含地域、人口、组织制度、文化四个要素。笔者认为，关于社区的意涵，还是应该从《共同体与社会》中寻找，“默认一致”“内聚力”等是共同体的精神，也应成为“社区”的内在向度。

自中国国家主席习近平2013年在莫斯科国际关系学院的演讲中提出人类命运共同体这一理念后，共同体的观点又被屡次提出。人类命运共同体强调的是扩大合作与共同发展，而马克思主义观点里真正的共同体包含着对现有剥削体系的批判，旨在从生产关系与生活空间中寻找共同体性（刘同舫，2018）。面对全球化和风险的时代，社区应该发挥共同体的作用，也就是以人为主体，关注人与人的联结和群体互动，重视情感与精神共鸣，追求共同性的场域。社会工作的出现有三个重要来源：《济贫法》、慈善组织会社和睦邻组织运动（Kindle and Cheung，2007）。慈善组织会社发展了社会工作的个案方法，最终将其与穷人福利相结合，成为当地政府的社会工作。睦邻组织运动借助社会改革运动，利用社区和小组工作方法，发展出更激进的社会行动。作为社会工作的两大传统，睦邻组织运动和慈善组织会社分别代表着结构主义和个体主义不同的实践取向。其中，20 世纪中叶以个案工作为主的临床社会工作独占鳌头；20 世纪末以来，对社区为本的社会工作回归的呼唤日益强烈，并成为西方社会工作发展的核心特征之一。西方社会工作在 20 世纪的百年发展历史过程中呈现出了个体主义与结构主义的相互交织与内在张力（李伟，2018）。

引发笔者关切的核心问题是，在西方社会工作的历史发展过程中，为何其关注点会从个体为本取向向社区为本的实践取向转变？社区为本的社会工作实践赖以运行的理论基础是什么？社区为本的主要实践模式及其应用领域有哪些？社区为本的社会工作实践范式对我国大力推动社区治理和乡村振兴战略有何启示？基于此，笔者梳理了国外社区为本的社会工作发展历程、理论体系和实践方法，在反思的基础上努力为我国社会工作发展提供可能性借鉴。

二、社区为本的社会工作的发展历程与交叠嬗变

（一）睦邻运动和社区工作的兴起

在中世纪，社会工作发端于西欧的基督教会并被罗马天主教统治。在中世纪贫困的背景下，基督教会是欧洲重要的穷人救济和社会照顾提供者。在社区中提供慈善活动是欧洲大部分天主教和中世纪基督教会所认同的服务方式（Payne，2005：15－21）。18—19 世纪，国家逐渐取代教会成为社会福利的负责主体。睦邻组织所开展的运动是为了在新城市贫困社区开展工人阶级教育和维护社会道德。汤恩比馆被看作第一个以社区为基础的睦邻组织。巴内特（Barnett）主张通过让特权阶级的年轻人与白教堂区的贫困工人生活在一起来弥合阶级差异。19 世纪的最后一段时间，出于对城市阶级问题的担忧，睦邻组织运动的理念被快速地引入美国。1886 年，斯坦顿 · 柯伊特（Stanton Coit）在纽约市的下东区建立了第一个美国定居点，即社区公会，后来又被称为大学睦邻组织。与此同时，1889 年，简 · 亚当斯（Jane Addams）在芝加哥极度贫困的第 19 区开辟了后来成为美国社区睦邻组织主导模式的社会定居点——赫尔馆。作为和平主义者，

简·亚当斯在赫尔馆建立时呼吁男人和女人应共同参与社会进步的伟大事业。她和其他社区工作者通过在贫民区定居的方式与贫民一起生活，确立了与居民平等交流、互相学习的邻里关系。到1890年，各大学的社区睦邻组织已经开始招募工人并获得基金资助。莉莲·沃尔德（Lillian Wald）于1893年在下东区建立了亨利街定居点，格雷厄姆·泰勒（Graham Taylor）于1894年在芝加哥西区建立了芝加哥下议院。1897年，美国共有74个定居点。到1910年，大约有413个美国社区睦邻组织被确定为定居点（Lengermann，2002）。至此，睦邻组织运动彻底发展起来。睦邻组织认为，在许多情况下，个人能够充分发挥作用，而个人问题往往是由社会和经济制度中某些缺陷造成的。因此，以优势为基础的社会工作模式起源于睦邻组织运动这种说法并不为过（Popple，2018：124－126）。笔者认为，睦邻组织运动也可以被看作参与式观察的最早应用。

（二）慈善组织会社、福利国家和社区工作的没落

1869年，在索里（Solly）牧师的倡导下，第一个慈善组织会社出现在英国。1870年3月，伦敦慈善组织会社成立，它旨在为19世纪下半叶处理穷人问题的数百个不同的临时志愿机构和慈善团体提供更大程度的一致性和协调性。慈善组织会社是个人主义的体现，它将贫困的原因归结于个人的无能和失败。其间，穷人得到援助不仅取决于对其经济困难或贫困程度的规模进行评估，还取决于对其进行的道德判断。慈善组织会社深刻影响了社会工作的发展。慈善组织会社开发了社会个案工作，探讨如何帮助人们适应环境。社会个案工作包括那些通过人和社会环境之间有意识地影响个人的调整来发展个性的过程（Richmond，1922：98－99）。这一方法最终与《济贫法》（*Poor Law*）的福利项目相结合，成为英国当地政府的社会工作。19世纪70年代，美国经济萧条，失业率剧增。格廷（Gurteen）和史密斯（Smith）为大萧条和1876年严冬给穷人带来的痛苦感到担忧。1877年，格廷和史密斯根据伦敦模式建立了布法罗慈善组织协会。布法罗计划迅速传播开来，这是美国慈善组织运动的开端（Popple，2018：113－123）。美国的慈善组织会社接纳了改善穷人状况协

会（Association for Improving the Condition of the Poor）倡导的个人服务理念，并将其提升到了一个全新的水平，使其成为伦敦慈善组织协会工作方法的核心部分。社会工作的个人服务倾向在这个时期的美国表现得尤为明显。

战争强化了国家以及当地政府的作用。1945 年以后，福利国家在欧洲国家和其他地方发展起来，以应对战后国家的创伤。《贝弗里奇报告》的主要愿景包括全面性、通用性、男性充分就业，以及关注女性在战后的角色。福利国家“从摇篮到坟墓”全面性的要求大大压缩了社会工作的发展空间，而这正是导致人们从 20 世纪 80 年代起就质疑社会工作作用的原因。1945—1951 年，战后工党政府执政时期，英国福利国家形成，社会工作融入其中，国家社会工作逐渐形成。作为改善福利总体运动的一部分，社会工作在采用社会个案工作方法时，试图证明人与人之间的帮助对普遍福利国家构成的价值。

在福利国家的压力下，各地的福利机构开始转变或成为历史，而留下来的机构成为新时代最大的慈善机构。在这个过程中，伦敦慈善组织协会发现了一个新的、更有限的区域角色，即家庭福利协会。伦敦慈善组织协会声称这将对社会工作实践产生重要影响（Payne，2005：55）。在此背景下，慈善组织的活动从关注健康转向了关注社会关怀。新的组织成长起来，并开始关注新的个案社会工作和家庭社会工作。为了实现战后重建，大多数西方国家不约而同地选择接受不同程度的国家福利。

面对战后贫困问题，病理学的解读在这时流行起来。这时的社会工作广泛吸收了生物学和心理学的知识，逐渐向临床社会工作发展。在这一过程中，社会工作的问题化导向占据核心地位。受精神病学、心理学和精神卫生知识的影响，“个体化”成为社会工作新的核心概念。这个时期的社会工作强调个案工作在所有服务形式中的重要性（Pierson，2011：50－64）。此时的社会工作是政治解决个人问题的重要因素之一，而不是福利国家社会主义方面的产物；它始终是一种自由裁量服务，而不是普遍服务；它弥补了一般供给的不足，但不是福利国家的核心。在这种情景下，个案工作得以蓬勃发展，社区工作则在福利国家的压制下逐渐没落。

（三）新自由主义、社群运动和社区为本的复兴

新自由主义的发展主要基于反对约翰·凯恩斯（John Keynes）于20世纪30年代在英国倡导的政策学说和美国的新政，它们强调市场和私有化。作为关键参与者，公共机构或半官方机构将服务交付给独立提供服务的组织，如非营利组织，这种状况被称为福利市场（Powell and Hendricks，2009：161－177）。公共支出的限制使福利市场化的出现拥有了现实基础。在新自由主义政策的影响下，社会工作的职业空间发了生改变。与此同时，社会组织开始蓬勃发展，在社会福利提供和建设社会资本方面发挥了重要作用。在新自由主义的影响下，强调个人主义和精神分析观点的社会工作专业化进一步破坏了社区方法（Das，O'NEILL，and Pinkerton，2018）。鉴于此，社会工作越来越被批评为保守主义，鼓励个人遵守现有的结构和权力关系，而不是解决更广泛的不平等和压迫问题（Goldsworthy，2002）。社会工作的这种定位使其与社区发展工作产生了距离（Das，O'NEILL，and Pinkerton，2018）。然而这种过度强调市场化、忽略社会的观点在当时也引起了部分执政者和学者的担忧与不满。

玛格丽特·撒切尔（Margaret Thatcher）所说的“没有社会这样的东西”和斯图尔特·霍尔（Stuart Hall）描述的个人主义主导着新自由主义的说法，使新自由主义经济和社会政策的倡导者对因市场力量释放所导致的社会崩溃和混乱的可能性、现实性产生了担忧。面对新自由主义政策强调的个人主义、惩罚性取向等特点，新自由主义政策的批评者确定了一套相应的替代方案，强调关注公共利益和集体责任（Stone，2008：292；Kane，2018）。托尼·布莱尔（Tony Blair）和新工党试图综合新自由主义经济和社会政策，关注“社区”“价值观”和关于社会纽带性质的问题，发挥社会服务在社区中的作用（Cowden and Singh，2017）。在对新自由主义经济政策的批评中，社会关系相互依赖这一观点引起了大家的关注，社群主义和结构主义在应对新自由主义而制定的贫困政策中被广泛提及（Kane，2018）。

社群主义起源于滕尼斯的《共同体与社会》，他将人与人之间面对面的关系和社会互动中的社会关系视为社区生活的道德基础，启发人们重建

传统社区。而当代社群主义的领军人是以色列裔美国社会学家阿马泰·伊茨奥尼（Amatai Etzioni，1998：xii）。他将自己的作品描述为滕尼斯的直系后裔。他主张制定社会政策的前提是理解许多社会行为都是由非正式社会网络和社会道德引导和维持的。丹尼尔·萨奇（Daniel Sage，2012）总结了与这一观点相关的广泛思想，认为社群主义的出发点是接受自我理论，接受自我诞生于群体身份中，从而产生了对社区的强烈渴望。强大的社区有助于防止社会孤立和疏离，因此社区成了促进社会稳定和凝聚力的基础。这也是新自由主义政策下的倡导者们所需要的。而社群主义之所以对布莱尔和新工党具有吸引力，是因为它在撒切尔的自由市场和个人主义之间提供了新的道路，但不涉及"诉诸旧左派的中央集权主义观点"（Sage，2012）。社区实践成为新自由主义政策下增强社会凝聚力的重要纽带。政策的改变反映了市场驱动型经济的保守动力，即为社区发展提供一个场所，强调长期地参与、赋权和集体行动（Jordan，2012）。

与此同时，20世纪60年代，个案工作模式的重要性开始减弱。在美国，通过社区干预和福利改革尝试进行的竞选活动、激进的社会变革达到了顶峰。美国于1977年颁布了《社区再投资法案》（*Community Reinvestment Act*），睦邻组织运动所留下来的希望寻求各方力量进行合作的特点在此时得以显现。20世纪末，美国的社群运动兴起，社群主义者们主张居民参与治理，强调公民责任感和社区共治。社群主义者们采取了激进的社会行动来表达自己的诉求。这一时期，激进社会主义社会工作思潮兴起，许多社会工作者对案主窘境的解释从分析个人能力的不足转向剖析社会结构的问题，更加关注社会与人的关系（Turbett，2009）。从英美两国的社会工作发展历史来看，新自由主义使社会服务市场化，社会工作便拥有了更多机会。但新自由主义中的个人和分裂的元素，使社区作为一个单位的功用被人发现了。社群运动的开展使社区工作实现了真正的复兴。

三、社区为本的社会工作三大理论传统

在社会工作的缘起与发展历程中，为应对新自由主义和全球化对社会

的影响，学者们提出从社群主义与结构主义的角度，以社区为单位对社会问题进行把握。在这个过程中，社会工作的理论观点也发生了转变：从问题导向到优势导向，强调人的参与和知识的塑造，建构主义指导的社区为本的社会工作实践也逐渐流行起来。

（一）社群主义

社群主义起源于滕尼斯，故社群主义的目标是在当代社会重建“传统社区”这一浪漫概念（Cowden and Singh，2017）。现代社群主义与社区实践的复兴得益于1990年社群主义运动在美国的兴起（Boettcher，1997）。社群主义是国家主导的费边社会民主和古典自由个人主义中社会概念的替代品。面对当代社会的崩溃，需要的是“社区道德纽带”的干预和发展（Glover，2016）。

社群主义认为，美国公民社会衰落的原因在于公民没有个人与社会责任的观念，之前过分强调个人权利的举动损害了公民应有的社会责任意识。20世纪美国的社群主义者为此提出四个新的议程：一是社群主义者呼吁暂停开发和维护任何新的公民权利或个人权利；二是社群主义者敦促重新建立权利和责任之间的联系；三是社会责任和集体利益是每个人的应有之义；四是社群主义者们提出，部分领域的合法权利应该被调整（Boettcher，1997）。社群主义希望通过个人责任、积极的公民身份和对社区福祉的尊重，提供一条实现社会和谐的途径。有学者从权利与责任的角度解释了社群主义与社会工作之间的关系。在过去的哲学和实践中，社会工作者更强调确保个人权利和自由，而不是将个人责任、道德义务和法定义务扩大到社区（Popenoe，1991）。从价值层面来说，社会工作的最终价值是双重的。一方面是帮助个人实现最大潜力，这是权利倡导者的立场。另一方面，他们也有同样强烈的义务，即帮助这些人学习如何为他人的生活作出贡献，以便他人能够最大限度地发挥潜力，完成自我实现，这就是社群主义者的立场（Gordon，1962）。社群主义认为，社区在政府的运作、政治机构的分析与评估、理解人类的身份认同和福祉、维持人类的生存和其他生活方面发挥着重要作用。社群主义的一个中心主张是人发展理性、道德和其他重要能力的场所是社区，社区甚至是社会的一部分重要基础（Caney，1992）。

社群主义中的领导者是社群主义的重要部分，成功的社群主义领导者将尊重多样性设定为社群的一种基调，允许各类组织团体在社区环境中蓬勃发展，并追随其他能够解决复杂问题的人。简单地说，社群主义下的领导者需要一系列创新的技能，从而能够参与社区、汇集资源，挑战以个人技能发展为中心的传统观念（Glover，2016）。社区参与是社群主义的基石，社群主义在社区中的实践以公共需求和集体利益为主而不是个人欲望。总体而言，社群主义是社区为本的实践的重要指导思想，其重要观点在后续以社区为基础的各种实践模式中均有体现。

（二）结构主义

结构主义是社区为本理论基础中的另一重要传统，其中公民社会和社会资本理论对社区为本的实践影响颇深。福山（Fukuyama，2001）认为，任何关于社会资本的讨论都必然援引公民社会这一概念。在自由主义传统中，公民社会的兴起是为了捍卫公众利益且反对权力持有人和市场利益（Suleiman，2013）。公民社会旨在平衡国家的权力，并保护个人不受国家权力的影响。美国的民主可以被称为“结社的艺术”。现代民主制度中人们享有过分的自由与权利，美国人通过自发结社来对抗这种过度的个人主义。美国公民社会中个人的社会参与更多表现的是利益的结合。而第三世界由于文化和历史的传统，其社会表现出的公民参与更有团结的意识，即第三世界的公民社会是一种内在的社会资本形式（Bankoff and Oven，2019）。20 世纪 80 年代后，公民社会主义倾向于代表非资本主义，即非经济形式的自愿和独立组织。盖尔纳（Gellner）将公民社会定义为自愿的自治成员团体。他认为公民社会是一个不同的非政府机构，足以平衡国家。公民社会虽然不阻止国家扮演维护和平和仲裁者的角色，但可以阻止国家支配和孤立社会的其他部分（Gellner，1994）。当代公民社会主义强调公民自发交往和团结。公民社会被视为保护人民的权利和利益、占据国家和家庭之间的公共空间而形成的自愿团体和协会（Bankoff and Oven，2019）。此外，公民社会还具有信任的社区关系与独立于权力控制机构的特点（Osborne，2021）。

首次将社会资本与公民社会的观点相结合的是帕特南（Putnam，1993）。他认为一个有更多公民参与的社会能变得更加令人信任，并且公民更强调公共利益。1993 年，帕特南从公民参与的传统中提出了社会资本这一概念。社会资本指的是社会组织的特征，如网络、规范和信任，它们促进了互利的协调与合作。社会资本提高了实物资本和人力资本投资的效益。帕特南的社会资本是一种“公共品”。这意味着社会资本必须是其他社会活动的副产品。社会资本通常包括联系、规范和信任三个基本要素。帕特南是从社区这一场域中来理解社会资本的。帕特南认为的社区充分解释了社会资本在良好治理方面受欢迎的原因，因为它将注意力集中在群体做什么，而不是群体拥有的东西上。他所说的社区是指一群直接地、频繁地、以多方面的方式进行互动的人。社会群体之间的互惠和信任网络被看作重要的社会资本（Putnam，1993；Mouritsen，2003）。跟随帕特南的脚步，有学者基于社会资本这一概念提出了社区治理，认为其可以弥补与解决由政府和市场失灵所导致的问题。因为社区成员不是局外人，而是拥有关于其他成员的行为、能力和需求等关键信息的参与者（Bowles and Gintis，2002）。

社会结构与社会行动一直是社区本位的社会工作实践中不可缺少的关键概念。帕森斯提出了关于社会的分析方式，即先对社会的静态状况进行一般性的分析，再分析社会的动态变迁过程。这种分析方法也常常被运用到社区工作之中。而吉登斯的结构化理论认为人们的行动能力越强，拥有的结构性资源就越多，能够谈判的规则也越多。资源赋予权力，而多数人提供了自由裁量权。因此，吉登斯抵制个人主义。从这个层面来说，吉登斯将结构与集体进行了链接。吉登斯充分说明了行动者自身的重要性与能动性，通过行动者不断的社会实践，其所在的社会结构也会随之发生改变。这个观点被广泛应用到以社区为本的实践中，居民选择社区作为自己的行动路线，通过集体而非个人开展行动，重视社会纽带在社会秩序中的作用（Etzioni，2014）。罗斯曼（Rothman）在总结社会工作实务理论三大模式时，提出了社会行动模式。作为倡导者，社会工作者应积极鼓励与组织弱势群体，进行社区行动，从而获取资源，对抗不平等。社会行动的概念与社会工作的变革性内核相符，主张对抗与抗争，是一种激进的社会工作形式，其目的是帮助弱势群体发声，使他们获得应有的集体利益。社会行动模式是社区工作中的重要方法（Rothman，1979）。公民社会与社会资本的观点为当代社区为本的公民参与方法和以资产为基础的社区参与方法提供了理论基础。而结构主义中社会结构与行动的讨论也为社区为本的实践提供了分析框架和社会行动的社会工作实践模式。

（三）建构主义

建构主义是社区为本的社会工作理论传统的另一核心板块。建构主义认为不存在所谓的“真理”，“现实”是社会建构的结果。建构主义认为人类生活的大量存在是受到了社会和人际关系的影响（Gergen，1984）。建构主义观点中的意义是社会、语言、话语和象征实践的主流文化框架的产物（Cojocaru and Brăgaru，2012）。在制度化过程中，意义被嵌入社会，即知识和人们对现实的概念和信仰已经被嵌入社会的制度结构中（Berger and Luckmann，1996：75－77）。建构主义强调对既有知识的批判，认为知识是由社会过程支撑的，并且关注人类的反身性（Burr，1995：6－12）。社会建构论与知识社会学息息相关。知识社会学关注科学知识的生产，认为一切知识都由社会关系、共识、修辞和权力网络等构成。这种对现有科学知识保持怀疑的态度体现在社区为本的社会工作对个人能力的挖掘，以及知识重构的过程中。社区为本的社会工作要求对现有问题进行批判性和结构性的反思。社区为本的参与方法希望和结构性歧视根源进行对话，以促进知识的更新和行动的变革（Blanchard et al.，2017；Pham，2016）。在这个过程中，本地的知识被不断强调（Rice et al.，2017），要求共同生产新的知识。

20 世纪 80 年代，斯滕伯格（Sternberg）在书中提出优势视角这一概念。他反对社会工作将服务对象问题化、标签化，认为应从服务对象自身的优势和能力出发。优势视角通过关注优势和能力而不是问题和缺陷来实现社会工作的助人过程。优势视角相信服务对象具有改变的能力，将人与环境联系起来，通过挖掘个人的优势和内在资源实现个人的成长。优势视角的四个核心概念是优势、赋权、成员资格和抗逆力。优势视角认为，个人在与社区互动时，能够利用自身的知识和经验为社区作贡献。优势视角既与关注行动者自身的能动性相似，也与后续以资产为基础的社会发展方法的诞生息息相关。

如表1所示，作为社区为本的社会工作理论传统，社群主义、结构主义和建构主义的核心观点和表现形式各有不同。从基本观点来看，社群主义强调社会道德，从权利与责任出发，强调相较于过去过度追求个人自由与权利而言，居民应担负起社会责任，培育公共精神，以社区参与为契机提升公民话语权。社群主义主要从对个人的关心出发，强调个人与社区、组织、政府等多个主体的合作。而作为应对新自由主义冲击的另一个理论范式，结构主义一开始强调的是面对贫困问题，应从社会结构的视角分析问题，且还要考虑环境因素。但结构主义体现在社区为本的社会工作中的观点主要是社会资本。以帕特南为代表，从公民参与开始，强调群体的互惠与信任。社区是社会资本的场域，是人群互动的场所，是政府与市场之外的另一个治理主体。结构主义与社会工作的结合最后落脚于社区行动。建构主义的观点主要体现在当今社区为本的社会工作具体实践模式中。其强调社会知识与文化对个人或群体的影响，关注知识生产的过程，对现有知识持怀疑与批评的态度，最后实现认知结构的改变。在社区为本的实践中，建构主义往往把社区作为一个整体来考虑其优势与资源，将社区视为发生改变的场景。虽然这三种理论传统的观点有所不同，但可以发现它们对于“团结”精神和集体主义的关注是显而易见的，笔者认为，可以用集体主义范式来概括。

表1　三大理论传统及其比较

	社群主义	结构主义	建构主义
基本观点	社会道德	社会资本	社会文化
出发点	权利与责任	公民参与	知识生产

续 表

	社群主义	结构主义	建构主义
落脚点	公共精神	行动	认知
基本视角	人本的视角	结构的视角	知识的视角
社区定位	个人与政府的连接；社区参与是社群主义的基石	社会资本的场域；互动的群体；政府与市场之外的治理主体	作为整体，社区是发生改变的场景

资料来源：表格为笔者自制。

简言之，社区为本的理论传统一方面注重个人的能力、天赋、权利、优势，强调其作为行动者的功能，另一方面强调集体、责任、关系、社会结构。这种综合的理论观点在社区为本的实践模式中被展现得淋漓尽致。

四、社区为本的社会工作实践方法

在社群主义、结构主义与建构主义三大理论传统的交互影响下，社区为本的社会工作实践方法形成了四种模式：以参与为中心的社区参与式行动研究方法、以资产为基础的社区发展方法、以空间为基础的社区发展方法、以地点为基础的社区综合发展方法。

（一）社区参与式行动研究方法

1. 社区参与式行动研究的概念

社区参与式行动研究是一种基于伙伴关系的研究方法。当前，研究人员普遍认为社区参与式行动研究是一种方法论，将研究与行动结合了起来。社区参与式行动研究强调在研究过程的各个方面让社区成员、组织代表、研究人员和其他人公平地参与，所有伙伴都能贡献专业知识并分享决策和所有权（Israel et al.，1998）。社区参与式行动研究的核心特征是通过共同行动影响社会变革（Green and Mercer，2001）。社区参与式行动研究的方法和意义是通过共同学习，相互转让专业知识，共享决策、对过程和产品的所有权，将社区居民与研究人员平等地结合在一起（Viswanathan et al.，2004）。社区参与式行动研究项目取得成功的关键是权力如何共享和分配、目标如何确定，以及研究方法和时间框架如何满足相关人员的需求（Checkoway，2003）。社区参与式行动研究的目标与社会工作的目标是一致的，即通过社会变革和社会行动实现社会正义。

2. 社区参与式行动研究的实践原则

当前，社区参与式行动研究的主要原则包括：① 承认社区是一个单位；② 在社区内建立优势和资源；③ 在研究的所有阶段促进合作、公平的伙伴关系，包括提升能力和分享权力，以解决社会不平等问题；④ 促进伙伴之间的共同学习和能力建设；⑤ 维持知识创造和干预之间的平衡，以实现所有伙伴的互利；⑥ 关注问题的多个决定性因素，以生态系统的观点观察问题；⑦ 通过循环和迭代的方式进行系统开发；⑧ 向所有伙伴传播成果，并让他们参与成果的更广泛的传播；⑨ 涉及长期过程和可持续性的承诺（Israel et al.，1998）。另有学者从社区参与式行动研究独特的伦理角度提炼出了五个关键属性：① 作为身份单位的社区；② 为易受伤害和处于边缘地位的人采取的办法；③ 在整个研究过程中的合作和平等伙伴关系；④ 灵活的迭代过程；⑤ 研究过程是面向社会行动的（Kwan and Walsh，2018）。

九条主要原则被广泛应用到后续各类社区参与式行动研究中，从伦理角度提出的五个关键属性则是对社区参与式行动研究的进一步概括。综合两者，笔者认为，社区参与式行动研究的关键原则可以总结为：① 社区是一个身份单位；② 公平地让所有合作伙伴参与研究过程，调查结果应该使符合的每个参与者受益；③ 使用循环和迭代的方法进行设计；④ 与社区共同学习，促进能力建设；⑤是一个长期的行动过程，注重社区发展的可持续性。

3. 社区参与式行动研究的实践框架

社区参与式行动研究是一种研究方法，它将社区参与和决策、当地病因、变革理论和社区实践纳入研究工作中。笔者试图通过分析社区参与式行动研究的概念、原则和当前的实证研究，归纳出一套参与式行动研究在社区工作实践中的简单框架：① 需求/问题调查；② 关注社区内的优势与资源并采取行动；③ 合作伙伴共同学习、知识的重构，以及合作伙伴的赋权或能力建设；④ 知识生产与干预相结合；⑤ 成果的传播与可持续建设。

（二）以资产为基础的社区发展方法

1. 以资产为基础的社区发展方法的概念、关键资产、实践原则

以资产为基础的社区发展方法是一套基于社区优势和潜能的可持续发展的方法论。以资产为基础的社区发展方法由克雷兹曼和麦克耐特（Kretzmann and McKnight，1993：1－8）提出。以资产为基础的社区发展方法是在批判以需求为基础的社区发展方法时产生的。相较于过去以需求为基础的社区发展方法寻求外部的力量解决问题，以资产为基础的社区发展方法更关注社区本身拥有的资产。克雷兹曼和麦克耐特认为，识别问题仍然是这种方法不可分割的组成部分，但问题解决方法更多地关注建立和重建个人、协会和机构之间的关系。以资产为基础的社区发展方法专注于社区优势和人力资产，并促进人们积极地以集体的形式参与他们社区的发展。以资产为基础的社区发展方法是一种以资产为基础、以内部为中心、以关系为驱动的社区发展方法。之后，麦克耐特和克雷兹曼（1996：9－21）对以资产为基础的社区发展方法进行了补充，认为以资产为基础的社区发展方法包括评估社区中可用的资源、技能和经验，组织社区成员围绕问题进行行动。安默曼和帕克斯（Ammerman and Parks，1998）将其描述为注重能力的方案。以资产为基础的社区发展方法还倾向于自下而上的方法，将重点从服务角度转移到重视合作、动态伙伴关系和参与，从而形成了关系驱动的方法（Eloff and Eborsohn，2001）。以资产为基础的社区发展方法通过合作为居民提供生产服务。社区居民在治理、设计和促进服务方面发挥了关键作用（Brooks and Kendall，2013；Bull，Mittelmark，and Kanyeka，2013）。哈里森等（Harrison et al.，2019）认为，互惠和连通性是以资产为基础的社区发展方法的核心。此外，也有学者提出以资产为基础的社区发展方法以社会变革运动为中心，并与其他所有为人民服务的方法相关（Kreitzer，Harvey，and Orjasaeter，2020：1－20）。

随着以资产为基础的社区发展方法的发展，其关键资产也在不断增加。克雷兹曼和麦克耐特认为，以资产为基础的社区发展方法中的关键资产为个人、协会和机构。社区转换联盟（Neighborhood Transformation）在制作以资产为基础的社区发展方法工具包时，把居民、社会组织、专业机构、实物资产、关系作为五个关键资产。具体解释为：① 居民。每位居民都有自身的优势与天赋，他们是社区建设的中心。② 社会组织。社会组织是联合动员的重要力量，包括小型的社会组织或者志愿者协会等。③ 专业机构。无论是政府部门还是私企或者大学，这些专业机构的资产可以帮助社区实现更好的建设，并帮助居民建立公民责任感。④ 实物资产。实物资产包括土地、空间、建筑物等其他可使用的资产。⑤ 关系。人们通过物物交换的方式进行交流，这些链接是作为链接器的人建立的，利用作为链接器的人的领导力和社区关系，可以帮助居民更好地进行社区参与或行动。也有学者在此基础上提出其他资本，如自然资本、金融资本、精神资本等（Chirisa，2009）。

马西和坎宁安（Mathie and Cunningham，2003）将以资产为基础的社区发展方法的实践原则总结为：① 欣赏、挖掘和调动个人和社区的技能、知识和资产；② 社区内部驱动而不是外部驱动；③ 承认社会资本的关键作用；④ 参与式方法；⑤ 优先促进经济的社区发展模式；⑥ 加强公民社会建设。

以资产为基础的社区发展方法通过将社区话语从社区不足转向社区资源，从而改变了居民对社区的理解（Kramer et al.，2011），将社区问题的解决从依靠国家、向外部寻求帮助转向社区内部资源，重新强调居民的主体地位，鼓励居民进行积极的行动。以资产为基础的社区发展方法是社会工作的两种重要理论——优势视角和发展性社会工作——在社区运用的方法。从根本上看，以资产为基础的社区发展方法是围绕个人能力、关系与互动开展的社区实践。

2. 以资产为基础的社区发展方法的主要工具和实践流程

资产地图是以资产为基础的社区发展方法的主要工具。克雷兹曼和麦克耐特在反对需求地图时提出了资产地图。他们认为，这种缺乏取向的地图如果成为社区的唯一指南，会对当地居民造成毁灭性后果。社区居民将会在需求地图的影响下，逐渐接受社区的不堪。他们认为，社区重建的关键是找到所有可用的当地资产，以增加其权力和效力的方式将这些资产进行整合，并利用那些尚未参与开发的机构或组织。资产地图的绘制要从社区居民的天赋和技能清单开始，同时需要一份社区居民组织的清单。同时，除了构成社区资产基础的个人和社区协会，位于社区内的所有更正式的机构，如学校、图书馆、私企等，也是重要资产。每个社区机构都应具有维护社区健康的责任感。此外，资产地图还将突出社区资产的其他方面，包括其物理特征，以及社区所在的土地、建筑和基础设施。

以资产为基础的社区发展方法的实践流程围绕资产地图开展。曼斯维特（Mansvelt，2018）明确提出了以资产为基础的社区发展方法的实践流程：首先是确定社区内的优势、能力、资产，在公正理解社区的基础上进行资产评估。在这个阶段，资源地图是最常用的方法。其次，在下一阶段召集一个具有广泛代表性的社区小组，该小组的任务是制定一个社区愿景和计划。最后，在愿景的引领下，居民将被动员起来并结合社区资产采取行动，以建设设想的社区。

（三）以空间为基础的社区发展方法

1. 空间视角与社区发展方法的结合

空间逐渐成为社区发展研究的新视角，各类自然学科结合社会科学知识，将空间与社区结合起来，提出各类新的理论模式，如社会—生态模式、人类—环境理论。在社区研究中，这两种理论视角被广泛应用。

社会—生态模式是结合空间和地点的研究。以社区为本的社会—生态模式可以更好地理解全球社会生态动态系统，并且通过共同构建地方解决方案，帮助当地进行可持续的转变。社会—生态模式旨在了解社会生态系统如何随着时间的推移，并通过跨学科的知识交流对政策进行干预，以应对可持续性挑战（Balvanera et al.，2017）。社会—生态模式在跨学科的基础上，采取了参与式行动研究的方法。参与式行动研究还可与社区参与式行动研究互换使用（Pham，2016）。社会—生态模式提供了一个独特的机会来融合不同的视角、学科和知识系统（Fischer，Sherren，and Hanspach，2014；Wu，2013）。对一个地点的依恋和寻找解决方案的目标，可以促进不同行动者的参与，并确保学术研究的质量和对当地的针对性（Vaughan et al.，2007）。由这种协同所产生的知识可能比仅由一种利益相关者或自上而下产生的知识更有用。同时，在社会—生态系统中，地方性知识发挥着关键作用（Ruiz-Mallén and Corbera，2013）。依赖自然资源的当地社区已经发展出了适应社会和环境的实践、制度和知识（Balvanera，Calderón-Contreras and Castro et al.，2017）。

人类—环境理论表明，个人的适应能力和幸福感取决于个人需求与环境资源之间的匹配程度。该理论强调社区中的正式支持与非正式支持。基于地点的文化生态系统服务通过人与环境的互动揭示了自然资源管理中的关键社会维度，从而帮助进行生态系统服务评估。通过生态系统服务研究，可以说明在社区尤其是土著社区非常突出的与土地具有强烈的文化、世代和系谱联系的个人是如何感知和体验服务的（Pascua et al.，2017）。人类—环境理论经常被用在以社区为基础的养老服务中（Kim et al.，2017；Chen et al.，2019）。

2. 以空间为基础的社区发展方法的实践方式

社区建筑是最普遍的以空间为导向的社区实践。社区建筑不仅是物理实体，还是人类生活和活动的空间。社区建筑是不同国家发展的一种参与建筑环境规划和设计的实践模式。有学者通过将印度尼西亚农村公共空间的规划过程、设计和建设与参与式行动研究进行结合，优化了当地社会资本、生产性经济活动、集体意识，展示了社区空间与社区居民紧密的联系（Widaningsih and Sari，2021）。详细地说，则是当地居民对社区事务的参与受社会环境和物理环境的制约。值得注意的是，公共空间通过促进地方社会资本和增加对社区的依恋，培养居民社区精神，对基层参与产生了积极的间接影响。

社区花园是以空间为导向的让社区实践更具艺术性的表达。社区花园塑造共享空间，影响社区的社会、文化、政治、经济环境（Bronfenbrenner，

1977；Guitart，Byrne，and Pickering，2015；Thornton，2017）。通过社区花园可以培养集体空间感，被边缘化的个人可以在此学习新的知识、技能，获得赋权感。社区花园能够使人们的生活重新被组织起来，通过对时间、空间和社会的新的管理，促进集体的可持续幸福（Sassatelli，2015）。有学者将社区花园的空间社区发展方法与参与者的学习行动过程进行了结合，认为社区花园对社区治理的作用体现在以下方面：回收公共空间、社区建设、社区企业、食品安全、社会包容和增加文化多样性、身心健康、社会和环境的可持续发展（Bailey，Hendrick，and Palmer，2017）。简言之，社区花园积极开垦废弃、隔离和私有化的空间，将开放和动态的城市废弃空间转变为生活场所，表明城市是一个集体公共空间，而不是一个以财产为基础，封闭和私有化的领域（Harvey，2008）。

社区艺术中心是城市中较为常用的，以空间为基础的社区发展方法。公共空间的日益商业化和私有化是城市持续关注的话题。许多学者认为，购物中心和其他“发明的街道和改造的地方”的兴起取代了传统的公共空间（Banerjee，2001），后者曾经是公民参与和民主辩论的场所（Habermas，1989：1－4）。这些准公共空间代表了地方独特性，可能有助于促进社区互动和吸引社区投资。艺术中心建立在当地的资产上，以促进社区互动和社区参与（Carr and Servon，2008）。有学者通过调研得克萨斯州达拉斯—沃斯堡地区四个县的12个艺术中心，对各种类型的艺术中心（包括艺术家合作社、种族特定的艺术中心等）的公共空间和社区发展之间的关系进行了研究。研究表明，艺术中心通过规划和开展其他活动，扮演了与社区发展相关的各种公共空间角色。社区艺术中心包括画廊、剧院、展览厅、录音室等。有研究认为，尽管各艺术中心的使命和类型不同，但始终有两个共同的主题——提供一个社区空间、通过艺术解决被排斥或缺乏机会的问题（Grodach，2010）。

（四）以地点为基础的社区综合发展方法

1. 地方为本与社区发展的结合

普遍认为个人的经济福祉与个人因素息息相关，因此，社会服务和公共政策往往侧重于提供个人支持的干预措施。但是人们的生活深受环境和场所的影响，如在集中贫困社区中生活的儿童遭受的风险更大。本文中以地点为基础的社区发展方法是从美国芝加哥学派帕克（Park）、伯吉斯（Burgess）和麦肯齐（Mekenzie）提出的城市社会学中所发展出来的方法。

20 世纪初，在飞速工业化和移民大量涌入芝加哥的背景下，帕克等结合滕尼斯的共同体与社会和生态学的概念，提出了社区是城市社会的单位这一说法。他们将城市按照区域划分，根据工业化中复杂的劳动分工研究人口聚集所形成的社区，认为城市区位是重要的资源，以此提出城市区位理论（帕克、伯吉斯、麦肯齐，2012：iv-viii）。社会学家伯吉斯在 1925—1929 年对美国城市研究的基础上，提出了同心圆理论。伯吉斯的同心圆理论根据不同家庭的社会经济地位和距离中心地区的距离来划分社会群体（Unknown，2020）。而 20 世纪 70 年代以来，受美国去工业化的发展和全球化的影响，芝加哥学派对城市社区的关注转向亚文化社区。自 21 世纪 10 年代奥巴马政府明确提出支持以地点为基础的政策以来，以地点为基础的社区综合发展方法再次引起关注。由于背景的变化，与之前相比，以地点为基础的社区综合发展方法拥有更多的参与者，如社会组织和社区投资机构，并且更加强调居民的需求与参与。社区倡议计划是链接个人与社区的桥梁，社区投资则从总体上为社区赋能。以地点为基础的倡议对社区发展采取了全面的方法，旨在振兴整个社区甚至地区的多个方面，为居民带来持久的改变。

2. 以地点为基础的社区综合发展方法的主要工具

（1）社区投资与倡议

值得注意的是，以地点为基础的社区综合发展方法往往与以资产为基础的社区发展方法结合使用。社区投资一般与社区倡议结合对社区进行改造，在改变人的身体、经济发展、社区能力和变革政策上发挥作用。霍普金斯（Hopkins，2010）认为，社区投资与社区建设结合的六个关键问题是同化程度、稳定性、价值（主要指土地价值）、竞争劳动力池、资金流动、政治与经济。基于地方的战略正受到公共和私营企业越来越多的关注，并得到了相应的资金支持。机构行动者参与基于地点的倡议，为联邦和地方政府、私营企业、慈善组织和非营利组织等，以及住房、卫生、劳动力发展和交通等跨问题领域的机构创造了新的协调机会（Cytron，2010）。以地点为基础的社区综合发展方法需要了解社区环境，包括社会经济条件、市场力量、权力系统和机构能力、给定社区的区域历史和居民情况。让居民参与决策过程，并对社区居民开展各种能力（包括围绕社区利益和需求的宣传技能，跨种族、民族和文化而朝着共同目标工作的能力）建设。

20 世纪 90 年代，综合社区倡议是一项解决贫困社区居民需求的战略。综合社区倡议采取了对社区变革的综合方法，并根据重视居民参与和社区能力建设的社区建设原则开展工作。社会工作者经常运用综合社区倡议这种战略帮助居民表达诉求。在综合社区倡议所实践的项目中，社区参与者成功地促进了商业发展，经常与当地政府和开发商合作，规划零售空间和商业走廊（包括商店、餐馆、娱乐场所等），以满足居民的需求，并帮助稳定社区。在这个过程中，社区的物理结构发生了变化（Hopkins，2010）。综合社区倡议还旨在动员公民之间的关系，确定社区资产，增强居民能力：一是加强对贫困社区的居民身体和经济发展的投资；二是加强社区能力的投资；三是加强产生政策和制度变更的投资。确保所有行动者对工作的核心目标达成一致是至关重要的。综合社区倡议的社区投资项目的关键点是共同的愿景、有意向的行动、评估和建设能力、有效管理合作伙伴和合作关系。

（2）社区分类

社区分类是以地点为基础的社区综合发展方法的重要工具。根据社区可获得的数据源，通过“聚类分析”统计技术，研究人员可以根据地理区域筛选原始数据，识别那些具有相同特征并受其约束的社区，并将社区进行分组。最经典的类型学分类系统之一是根据住房存量的状况和住房所有权的水平进行划分。另一个常用分类角度是健康。人类生活水平与其健康状况有直接或间接的关系，通过对影响健康状况的因素进行社区分类，也有利于公共卫生部门针对不同的社区类型做出不同的防御措施。除了按照健康状况分类，社区也可以根据交通的有利位置和交通流的形成方式进行分类。交通网络的规划对生活质量有更广泛的影响，同时也影响到能源消耗、空气质量，以及可获得的工作机会和社区服务。种族和阶层也是对社区进行分类，以及监测社区变化的角度。城市区位理论与社区分类关系紧密。这种根据地理位置对社区进行划分的方法有助于理解社区的整体状况。

五、国外社区为本的社会工作实践取向与研究议题

（一）社区为本的社会工作实践取向

1. 边缘群体和社区的再造

社区为本社会工作从发展之初就与边缘群体密不可分。从国外社区为本的实践来看，社区参与式行动研究、以资产为基础的社区发展方法较多地被应用在边缘群体和社区中。一般是为了边缘社区恢复常态和活力，从社区赋能的角度为其中的群体做出改变。其应用领域主要集中在移民或少数族群、公共卫生和边缘社区中。

社区参与式行动研究的目的是发展革命性的探究方法，与经常出现的因殖民问题而受压迫的社区研究不同。所以，社区参与式行动研究一开始被大量地应用在多元文化社区和边缘群体中间。法姆（Pham，2016）将社区参与式行动研究作为一种社会工作方法应用到了西班牙和摩洛哥的穆斯林移民群体中。这种方法能够帮助移民利用他们的新知识和支持来改善自身的处境。有学者将社区参与式行动研究方法应用到了美国一个埃塞俄比亚移民聚居社区的艾滋病研究当中，了解了埃塞俄比亚移民和社区服务者对艾滋病的态度，并就如何改进艾滋病的预防、宣传和治疗方案提出了意见（Khoza，Shilubane，and Lowane，2020）。约翰斯通和李（Johnstone and Lee，2021）对加拿大安大略省一个中等城市的街头性工作者进行了社区参与性需求评估，通过街头性工作者自身的反馈，发现中心关系即同龄人关系对增强或削弱街头性工作者的尊严感、自我价值感、安全感，以及她们获得服务的机会有着巨大的作用。布兰查德等（Blanchard et al.，2017）在印度卡纳塔克邦北部地区，运用社区参与式行动研究对从事性工作的妇女及其亲密伴侣关系中的暴力和艾滋病问题进行了了解，并通过意义营造等方式坚定地采取行动，以期形成健康的社区。

以资产为基础的社区发展方法用优势视角观察社区内资源的方式，在针对少数族群社区融入和性服务提供者的服务中被广泛应用。富伊莫诺（Fuimaono，2012）通过调查两家非政府组织在萨摩亚开展的以资产为基础的社区发展方法的实践，发现以资产为基础的社区发展方法为萨摩亚人提供了巨大的潜力，促进了当地社区的发展。以资产为基础的社区发展方法还被应用到了提供性服务的妇女身上，以解决毒品使用、暴力和艾滋病风险的问题（Urada et al.，2021）。

2. 老年社区工作的投入

老年群体也是国外社区为本的社会工作重点关注的对象。一方面这和社会工作的社区服务有关，另一方面急迫的现实环境也吸引了更多人投身老年社会工作。随着世界老龄化日益严重，研究人员发现了社区参与式行动研究在老年社会工作中的巨大潜力。美国富兰克林县利用社区参与式行动研究方法解决了老年人的流动性难题，让老年人参与规划和决策过程，制定并实施了替代交通方案（Blakey and Clews，2020）。还有学者以社区参与式行动研究的调查方式为基础，通过参与式纪录片这种具体的视觉方法，让老年人作为一部短片的共同研究者和共同创作者参与其中（Burns，Kwan，and Walsh，2020）。通过参与式纪录片展现无家可归的老年人的居住现状，探究边缘弱势群体与参与式行动研究的紧张关系。作为一种可视化的方法，参与式纪录片丰富了社区参与式行动研究的过程和发现，但也提出了知情同意、隐私权等伦理挑战。

3. 城市社区功能的发展

以空间为基础的社区发展方法和以地点为基础的社区综合发展方法更加适用于城市社区的改造。它们强调的是对社区内空间和地理的改变，从而使社区能够承担社会功能。在以空间为基础的社区发展方法中，社区花园这一实践方式就是利用改变社区空间结构，为丧失活力的社区开辟空间，承担功能和责任。社区花园这一概念来自美国，特点在于利用绿地空间增加社区居民的参与性。社区花园主要与城市联系在一起。随着不断实践，社区花园这一概念不断被创新，成为培育社区精神的固有工具。在对斯洛伐克布拉迪斯拉发地区社区花园的调查中，有学者证明了这一点（Hencelová，Križan，and Bílková，2020）。这项调查还发现，中型社区花园主要在城市地区发挥作用。社区花园的运作成效取决于外部和居民的自愿捐款情况。社区花园区域与城市居住区在土地使用和租赁许可证办理、技术援助、捐款等方面展开合作。以地点为基础的社区综合发展方法的理论源自城市社会学流派，城市区位的概念是其核心。

（二）社区为本的社会工作研究议题

1. 社区本位：社会工作和社区发展的联结

从既有研究来看，当前国外的社会工作和社区发展息息相关。社会工作往往以社区为本的姿态参与到社区发展当中，而社区发展也被作为一种方式应用到了社会工作实务中。研究者认为，作为一种社会工作实务方法，社区发展对于满足服务需求更加有效。有观点认为，社会工作者这一职业自诞生以来就已接受社区发展这个使命（Sithole，2017），并且国外现有的四种主流社区为本的社会工作实践方式也大都与社区发展相结合。它们以社区为单位，对社区整体进行增能，以达到服务效果和目的。过去，专业的社会工作一直被个人主义和精神分析的观点所主导。然而，近几十年来，主流的社会工作已经结合了结构性和系统性的观点。例如，恩尼斯和韦斯特（Ennis and West，2013）将社会网络分析应用于资产为本的社区发展实践中，链接社区微观问题与宏观问题，更有效地衡量了社区关系和结构的变化。

门德斯（Mendes）早在2008年就论述了社会工作和社区发展的关系。通过访谈六名在社区发展项目中工作的社会工作者，他既了解了社会工作者有效整合这两者的价值观、原则和框架的方法，又了解了基于社区的干预措施是如何促进社会工作实践完成的。研究结果显示，作为一种手段，社区发展很好地促进了社会工作者与社区的合作。澳大利亚格利贝的社区发展项目是以社区为基础的实践研究。它是悉尼大学社会工作系的部分老师和同学所进行的社区参与项目，旨在改善周边弱势居民尤其是那些居住在公共住房中的居民的生活环境。有学者借鉴了格利贝社区发展项目的经验，将社区发展应用到老年社会工作中（Rawsthorne，Ellis，and De Pree，2017）。他们认为，在老年社会工作中遵循社区发展原则，基于“环境中的整体人视角”，能够很好地满足老年人的需求。

2. 参与式行动研究与实务

在目前的社区为本的社会工作研究中，参与式行动研究占很大比重。参与式行动研究虽然偏向于一种研究方法，但是基于其对实践的要求，在行动过程中，研究对象也会发生变化。而社会工作作为一种变革性专业，“改变”在其研究中占有很重要的地位。行动研究的方法有助于记录变化的过程，其本身就与社会工作专业契合。同时，在当前国外研究的四种方法中，参与式行动研究虽然偏向于专业学者进行实践改造，但其传达出的参与式理念已被其他三种方式吸纳、接受。无论是以资产为基础的社区发展方法利用人作为街区链接者动员整个社区，还是以空间为基础的社区发展方法、以地点为基础的社区综合发展方法，都将居民的想法融入建筑或者布局设计中，逐渐表达了以“伙伴”关系参与社区建设的倾向。而国外大部分社区为本的论文均是以行动研究的方式撰写出来的。参与式行动研究不仅鼓励专业学者深入社区进行变革，也鼓励基层社区工作者将实务经验转化为研究成果并进行推广。未来的参与式行动研究可能是社区本位社会工作的研究方式。

3. 公共意识与居民参与

无论是社区参与式行动研究，还是以资产为基础的社区发展方法，又或者是以空间为基础的社区发展方法、以地点为基础的社区综合发展方法，培育公共精神、提升居民参与度都是它们的核心命题。黑德（Head，2011）按照工具性和规范性对驱动参与的因素进行了分析：工具性论证将参与定位为实现特定目标的手段，如实现项目目标、维持资源的可持续性、加强基础设施质量；规范性论证将参与视为增强亲社会思维、加强公民意识和实现更具包容性的公民参与。在社区本位的社会工作实践中，对参与的定位出现了从工具性向规范性的转变。

以资产为基础的社区发展方法和以地点为基础的社区综合发展方法都表现出了明显的工具性参与特点。加拿大的埃德蒙顿社区基于以资产为基础的社区发展方法，结合社区倡议计划，将社区定位为关键社会单元，发展出了“丰富社区埃德蒙顿”（Abundant Community Edmonton）模式，并应用在了加拿大其他56个社区。值得介绍的是，“丰富社区埃德蒙顿”中的核心角色是街区链接者，他们鼓励人们成为领导者，进而发起能够促进邻居之间关系的行动。街区链接者这一角色的诞生，源于以资产为基础的社区发展方法中以社区原有的人力资产进行社区行动的优秀实践。

社区参与式行动研究和以空间为基础的社区发展方法则发挥了卓越的，推动社区公共精神凝结和促进居民参与的作用，因为其本身就有这样的目的。社区参与式行动研究是一个以当地人为主体的研究方法，无论是移民社区还是边缘群体，其核心一直是“人”。各学科的专家以伙伴的方式帮助服务对象成长，帮助他们更新知识，并在解决问题后，对知识进行宣传。这种方式会自然地带动居民的参与。以空间为基础的社区发展方法则通过改变物质环境的形式，更新社区关系，利用公共空间的建设，培养社区精神。

六、结语：集体主义取向的社区社会工作对我国的反思性借鉴

综观国外社会工作实践，社区为本的实践已在全世界发展起来并取得了长足进步，各类凝结了理论传统与实践智慧的社区为本的实践模式也得以蓬勃发展。当前，国外社区为本的研究与实践充分展现了社区本位、以人为本、综合的理论与方法，以及跨学科融合等特点。随着新自由主义和全球化的发展，将社区作为一个单位进行建设、增能的呼声日益高涨，这为推进国外社区为本的社会工作提供了新的机会。

通过梳理国外社区为本的社会工作，我们发现，从理论上看，国外社区为本的社会工作带有明显的集体主义取向。其中，社群主义要求人们承担社会责任，把个人理性、道德和能力作为社区的优势，鼓励伙伴关系的

建立，鼓励社会道德建设，注重提升社会意识，以及培育公共精神。结构主义中公民社会主义和社会资本的观点注重公民的交往与团结，以及社会群体的互惠和信任。这使关于结构主义的讨论也倾向于将个人与集体连接起来，从而从整体中探讨个人的发展，关注个人与环境的互动。建构主义强调知识再生产，鼓励人们参与学习和合作生产新的知识，平等地参与知识的产出。综合来看，三大理论传统从不同的角度对社区为本的社会工作进行着形塑，但其落脚点均在加强社会团结和促进社会公正两大核心目标上。这与派恩的社会主义—集体主义范式相似。社会主义—集体主义范式强调社会工作应该致力于社会的团结和宏观变迁（派恩，2008：10）。当前国外社区为本的社会工作相较于宏观层面的激进变革而言，逐渐显现出了与政府合作进行改革的倾向。

从实践模式上看，国外社区为本的社会工作关注社区发展与社会工作的契合性。当前国外社区为本的社会工作四大实践模式里，社区发展一直是社区工作实践的目标和核心议题。社区发展包含居民、政府和社会组织三个主体，强调鼓励居民参与、解决社区问题、改善社区环境、培育居民共同体意识和自治精神，将社区作为一个过程。相较于传统的社区工作，社区为本的实践模式强调社区发展，补充了与政府合作的面向。社区参与式行动研究和以资产为基础的社区发展方法都以社会组织为主导，但其在实践过程中将政府等部门作为合作伙伴或资产进行合作。四种社区为本的社会工作模式关注居民的参与度和能力的挖掘，强调伙伴关系和平等的参与，注重社会—生态/环境对社区整体的影响。社区为本的社会工作实践模式注重居民参与和社区公共精神的生产，以实现社区团结和社会公正。

可见，国外社区为本的社会工作在理论传统上鼓励社会工作转向集体主义范式，关注社会团结和社会公正；在实践模式上鼓励将社区作为一个单位进行建设，将社区发展与社会工作融合；在研究中鼓励社会工作者通过参与式行动研究的方法，促进社会工作理论研究与实践的融合发展。这些对于中国目前推进社会工作发展具有积极启示。

中国社会工作在理论上可以学习借鉴国外社区为本的社会工作理论转向，发挥中国特色社会主义和集体主义传统的优势，在理论范式上坚持社会主义—集体主义范式，在探索“共同体”建设过程中，将社区建设作为居民的生活共同体。现有社区实践中，以资产为基础的实践模式多被应用在灾害社会工作与农村社会工作领域。其他三种方式被应用得较少。事实上，以空间为基础的社区发展方法和以地点为基础的社区综合发展方法是城市社区建设良好的实践模式。在社会工作研究中，中国的社会工作研究者应多进行参与式行动研究，在实践中促进理论发展。无论是学术界还是实务界，在实践中都要以平等的姿态参与讨论，注重本土知识和实践智慧的作用，共同促进知识生产。同时，中国社会工作研究也应该担负起促进社会团结和社会公正的使命。在相关议题上，边缘群体服务一直是中国社会工作持续关注的议题。社区照顾是社区为本的社会工作重要的运用领域，今后可以尝试研究社区为本的社会工作在乡村振兴中的应用，以及城市参与式社区建设，尝试讨论社区为本的社会工作在促进居民参与共治等方面能发挥的功能与作用。在定位上，2021 年 7 月，《中共中央 国务院在关于加强基层治理体系和治理能力现代化建设意见》提出：“完善社会力量参与基层治理激励政策，创新社区与社会组织、社会工作者、社区志愿者、社会慈善资源的联动机制，支持建立乡镇（街道）购买社会工作服务机制和设立社区基金会等协作载体，吸纳社会力量参加基层应急救援。”社会工作者应该作为新时代社会道德建设的工程师活跃在中国基层治理的舞台，组织与整合社区内各个主体和各项资源，与政府合作共治，以促进宏观层面的改变。社区则可能作为一个整体、一个过程、一个场域，在社会治理中发挥重要作用。

需要注意的是，国外社区为本的社会工作理论基础包含着浓厚的公民社会色彩。由于各个国家的体制不同，其他国家的社区治理情境与中国并不一致。在国外的社区为本实践中，社会组织和其他专业机构在社区治理中占据重要地位：一方面，在社区建设中，社会组织作为重要资产发挥了不可替代的重要作用；另一方面，在遭受公共灾害时，部分地区社会组织的威信力甚至高于政府，这与我国实际情况截然不同。那么，以社会组织为主导的社区实践能否为我们所借鉴呢？当前我国处于社会组织发展不足的阶段，如何激发社会组织活力？作为一种鼓励与帮助的力量，党建引领能否辅助社会组织在社区建设中发展成熟？国外社区为本的社会工作实践受到新自由主义的深度影响，例如，在以地点为基础的社区综合发展方法中，实施社区倡议计划的往往是社区发展公司，市场的刺激有利于承办机构相互竞争，以推出更高效、更高质的社会服务。然而，社区服务过度市场化，将社会工作推向效率为先的处境，进而使社区服务的效果和社会工作的专业性遭到了怀疑。因此，从根本上讲，社区为本的社会工作实践要求社会工作重新考虑与特定国家、政治、社会、文化等相关的情境性要素。中国的社区治理与社区发展具有独特的政治、文化和社会语境，探索中国特色社区为本的社会理论与实践范式，将是当下十分急迫的议题。

参考文献

[1] 吴晓林，郝丽娜. “社区复兴运动”以来国外社区治理研究的理论考察［J］. 政治学研究，2015（1）：47－58.
[2] FOLLETT M P. Community is a process［J］. The philosophical review，1919，28（6）：576.
[3] 胡鸿保，姜振华. 从“社区”的语词历程看一个社会学概念内涵的演化［J］. 学术论坛，2002（5）：123－126.
[4] 费孝通. 当前城市社区建设一些思考［J］. 群言，2000（8）：13－15.
[5] 费孝通. 居民自治：中国城市社区建设的新目标［J］. 江海学刊，2002（3）：15－18.
[6] 徐永祥. 社区发展论［M］. 上海：华东理工大学出版社，2001.
[7] 项飚. 社区何为：对北京流动人口聚居区的研究［J］. 社会学研究，1998（6）：54－62.
[8] 刘同舫. 构建人类命运共同体对历史唯物主义的原创性贡献［J］. 中国社会科学，2018（7）：4－21.
[9] KINDLE P A，CHEUNG M. Book reviews：Payne，M.（2005）. Modern Social Work Theory（3rd ed.）. Chicago：Lyceum books.（366 pp.，$51.95 paperback，ISBN 0－925065－83－8）［J］. Research on social work practice，2007，17（3）：439.
[10] 李伟. 社会工作何以走向“去社会变革化”？基于美国百年社会工作史的分析［J］. 社会，2018，38（4）：100－132.
[11] PAYNE M. The origins of social work：continuity and change［M］. Basingstoke：Palgrave Macmillan，2005.
[12] LENGERMANN P M，NIEBRUGGE-BRANTLEY J. Back to the future：settlement sociology，1885－1930［J］. The American sociologist，2002，33（3）：5－20.
[13] POPPLE P R. Social work practice and social welfare policy in the United States：a

history [M]. New York: Oxford University Press, 2018.
[14] RICHMOND M E. What is social case work?: an introductory description [M]. New York: Russell Sage Foundation, 1922.
[15] PIERSON J. Understanding social work: history and context [M]. Maidenhead: Open University Press, 2011.
[16] POWELL J L, HENDRICKS J. The welfare state in post-industrial society: a global perspective [M]. London: Springer, 2009.
[17] DAS C, O'NEILL M, PINKERTON J. Re-engaging with community work as a method of practice in social work: a view from Northern Ireland [J]. Journal of social work, 2018, 18 (4): 375-393.
[18] GOLDSWORTHY J. Resurrecting a model of integrating individual work with community development and social action [J]. Community development journal, 2002, 37 (4): 327-337.
[19] STONE D. The Samaritan's dilemma: should government help your neighbor? [M]. New York: Bold Type Books, 2008.
[20] KANE E W. The neoliberal baseline?: a community-based exploration of beliefs about poverty and social policy [J]. Journal of poverty, 2018, 22 (1): 65-87.
[21] COWDEN S, SINGH G. Community cohesion, communitarianism and neoliberalism [J]. Critical social policy, 2017, 37 (2): 268-286.
[22] ETZIONI A. The essential communitarian reader [M]. Lanham: Rowman & Littlefield Publishers, Inc, 1998.
[23] SAGE D. A challenge to liberalism? : the communitarianism of the Big Society and Blue Labour [J]. Critical social policy, 2012, 32 (3): 365-382.
[24] JORDAN B. Making sense of the "big society": social work and the moral order [J]. Journal of social work, 2012, 12 (6): 630-646.
[25] TURBETT C. Review: Iain Ferguson Reclaiming Social Work: Challenging Neo-liberalism and Promoting Social Justice London: SAGE, 2008, 160 pp., £21. 99 (pbk), ISBN 9781412906937 [J]. Journal of social work, 2009, 9 (2), 239-240.
[26] BOETTCHER R E. Revitalizing families: a communitarian agenda for social work [J]. Journal of community practice, 1997, 4 (3): 47-58.
[27] GLOVER M E. Leading across cultural borders: a communitarian approach to global development [J]. International journal of public leadership, 2016, 12 (2): 154-166.
[28] JORDAN B. Social work and well-being [M]. Lyme Regis: Russell House, 2007.
[29] POPENOE D. Family decline in the Swedish welfare state [J]. The public interest, 1991: 65-77.
[30] GORDON W E. A critique of the working definition [J]. Social work, 1962, 7 (4): 3-13.
[31] CANEY S. Liberalism and communitarianism: a misconceived debate [J]. Political

studies, 1992, 40 (2): 273 - 289.
[32] FUKUYAMA F. Social capital, civil society and development [J]. Third World quarterly, 2001, 22 (1): 7 - 20.
[33] SULEIMAN L. The NGOs and the grand illusions of development and democracy [J]. Voluntas: international journal of voluntary and nonprofit organizations, 2013, 24 (1): 241 - 261.
[34] BANKOFF G, OVEN K. From nomadic communitarianism to civil socialism: searching for the roots of civil society in rural Kazakhstan [J]. Journal of civil society, 2019, 15 (4): 373 - 391.
[35] GELLNER E. Conditions of liberty: civil society and its rivals [M]. London: Hamish Hamilton, 1994.
[36] OSBORNE T. Civil society, populism and liberalism [J]. International journal of politics, culture, and society, 2021, 34 (2): 175 - 190.
[37] PUTNAM R D, LEONARDI R, NANETTI R Y. Making democracy work: civic traditions in modern Italy [M]. Princeton: Princeton University Press, 1993.
[38] MOURITSEN P. What's the civil in civil society? : Robert Putnam, Italy and the republican tradition [J]. Political studies, 2003, 51 (4): 650 - 668.
[39] BOWLES S, GINTIS H. Social capital and community governance [J]. The economic journal, 2002, 112 (483): 419 - 436.
[40] ETZIONI A. Communitarianism revisited [J]. Journal of political ideologies, 2014, 19 (3): 241-260.
[41] ROTHMAN R A. Occupational roles: power and negotiation in the division of labor [J]. The sociological quarterly, 1979, 20 (4): 495 - 515.
[42] GERGEN K J. Theory of the self: impasse and evolution [J]. Advances in experimental social psychology, 1984, 17: 49 - 115.
[43] COJOCARU S, BRĂGARU C. Using appreciative inquiry to change perceptions concerning the satisfaction of organization members' needs [J]. Transylvanian review of administrative sciences, 2012, 8 (35): 62 - 77.
[44] BERGER P L, LUCKMANN T. The social construction of reality: a treatise in the sociology of knowledge [M]. Garden City: Anchor Books, 1966.
[45] BURR V. An introduction to social constructionism [M]. London: Routledge, 1995.
[46] BLANCHARD A K, SANGHA C A T M, NAIR S G, et al. Pursuing authenticity from process to outcome in a community-based participatory research study of intimate partner violence and HIV vulnerability in north Karnataka, India [J]. Qualitative health research, 2017, 27 (2): 204 - 214.
[47] PHAM T T. Engagement in knowledge production, authentication, and empowerment: a community-based participatory research project with Moroccan immigrants in Spain [J]. International social work, 2016, 59 (3): 368 - 380.
[48] RICE E, PETERING R, STRINGFELLOW E, et al. Innovations in community-

based and interdisciplinary research [J]. Research on social work practice, 2017, 27 (2): 189-193.
[49] ISRAEL B A, SCHULZ A J, PARKER E A, et al. Review of community-based research: assessing partnership approaches to improve public health [J]. Annual review of public health, 1998, 19: 173-202.
[50] GREEN L W, MERCER S L. Can public health researchers and agencies reconcile the push from funding bodies and the pull from communities? [J]. American journal of public health, 2001, 91 (12): 1926-1929.
[51] VISWANATHAN M, AMMERMAN A, ENG E, et al. Community-based participatory research: assessing the evidence [J]. Evidence report/technology assessment, 2004 (99): 1-8.
[52] CHECKOWAY B. Reviewed work: Community Based Participatory Research for Health by Meredith Minkler, Nina Wallerstein [J]. Community development journal, 2003, 38 (3): 267-269.
[53] KWAN C, WALSH C A. Ethical issues in conducting community-based participatory research: a narrative review of the literature [J]. The qualitative report, 2018, 23 (2): 369-386.
[54] KRETZMAN J P, MCKNIGHT J L. Building communities from the inside out: a path toward finding and mobilizing a community's assets [M]. Chicago: ACTA Publications, 1993.
[55] MCKNIGHT J L, KRETZMANN J P. Mapping community capacity [R]. Evanston: Northwestern University, 1996.
[56] AMMERMAN A, PARKS C. Preparing students for more effective community interventions: assets assessment [J]. Family & community health, 1998, 21 (1): 32-45.
[57] ELOFF I, EBORSOHN L. The implications of an asset-based approach to early intervention [J]. Perspectives in education, 2001, 19 (3): 147-157.
[58] BROOKS F, KENDALL S. Making sense of assets: what can an assets based approach offer public health?[J]. Critical public health, 2013, 23 (2): 127-130.
[59] BULL T, MITTELMARK M B, KANYEKA N E. Assets for well-being for women living in deep poverty: through a salutogenic looking-glass[J]. Critical public health, 2013, 23 (2): 160-173.
[60] HARRISON R, BLICKEM C, LAMB J, et al. Asset-based community development: narratives, practice, and conditions of possibility—a qualitative study with community practitioners [J]. SAGE open, 2019, 9 (1): 1-11.
[61] KREITZER L, HARVEY A, ORJASAETER J. Asset-based and place-based community development [M] //TODD S, DROLET J. Community practice and social development in social work. Singapore: Springer, 2020: 1-20.
[62] CHIRISA I. Prospects for the asset-based community development approach in Epworth and Ruwa, Zimbabwe: a housing and environmental perspective [J].

African journal of history and culture, 2009, 1 (2): 28 – 35.

[63] MATHIE A, CUNNINGHAM G. From clients to citizens: asset-based community development as a strategy for community-driven development [J]. Development in practice, 2003, 13 (5): 474 – 486.

[64] KRAMER S, SEEDAT M, LAZARUS S, et al. A critical review of instruments assessing characteristics of community [J]. South African journal of psychology, 2011, 41 (4): 503 – 516.

[65] MANSVELT N. Implementing abcd tools and processes in the context of social work student practice [J]. Social work/maatskaplike werk, 2018, 54 (1): 132 – 143.

[66] BALVANERA P, CALDERÓN-CONTRERAS R, CASTRO A J, et al. Interconnected place-based social-ecological research can inform global sustainability [J]. Current opinion in environmental sustainability, 2017 (12): 1 – 7.

[67] FISCHER J, SHERREN K, HANSPACH J. Place, case and process: applying ecology to sustainable development [J]. Basic and applied ecology, 2014, 15 (3): 187 – 193.

[68] WU J G. Landscape sustainability science: ecosystem services and human well-being in changing landscapes [J]. Landscape ecology, 2013, 28 (6): 999 – 1023.

[69] VAUGHAN H H, WAIDE R B, MAASS J M, et al. Developing and delivering scientific information in response to emerging needs [J]. Frontiers in ecology and the environment, 2007, 5 (4): w8 – w11.

[70] RUIZ-MALLÉN I, CORBERA E. Community-based conservation and traditional ecological knowledge: implications for social-ecological resilience [J]. Ecology and society, 2013, 18 (4): 12.

[71] PASCUA P A, MCMILLEN H, TICKTIN T, et al. Beyond services: a process and framework to incorporate cultural, genealogical, place-based, and indigenous relationships in ecosystem service assessments [J]. Ecosystem services, 2017, 26: 465 – 475.

[72] KIM B, PARK S, BISHOP-SAUCIER J, et al. Community-based services and depression from person-environment fit perspective: focusing on functional impairments and living alone [J]. Journal of gerontological social work, 2017, 60 (4): 270 – 285.

[73] CHEN Q R, AMANO T, PARK S, et al. Home and community-based services and life satisfaction among homebound and poor older adults [J]. Journal of gerontological social work, 2019, 62 (7): 708 – 727.

[74] WIDANINGSIH L, SARI A R. Community architecture: synergizing public space and community education [J]. Earth and environmental science, 2021, 738 (1): 1 – 6.

[75] BRONFENBRENNER U. Toward an experimental ecology of human development [J]. American psychologist, 1977, 32 (7): 513 – 531.

[76] GUITART D A, BYRNE J A, PICKERING C M. Greener growing: assessing the

influence of gardening practices on the ecological viability of community gardens in South East Queensland, Australia [J]. Journal of environmental planning and management, 2015, 58 (2): 189-212.

[77] THORNTON A. "The lucky country?" : a critical exploration of community gardens and city-community relations in Australian cities [J]. Local environment, 2017, 22 (8): 969-985.

[78] SASSATELLI R. Consumer culture, sustainability and a new vision of consumer sovereignty [J]. Sociologia ruralis, 2015, 55 (4): 483-496.

[79] BAILEY S, HENDRICK A, PALMER M. Eco-social work in action: a place for community gardens [J]. Australian social work, 2018, 71 (1): 98-110.

[80] HARVEY D. The right to the city [J]. New left review. 2008 (53): 23-40.

[81] BANERJEE T. The future of public space: beyond invented streets and reinvented places [J]. Journal of the American planning association, 2001, 67 (1): 9-24.

[82] HABERMAS J. The structural transformation of the public sphere: an inquiry into a category of bourgeois society [M]. Cambridge: MIT Press, 1989.

[83] CARR J H, SERVON L J. Vernacular culture and urban economic development: thinking outside the (big) box [J]. Journal of the American planning association, 2008, 75 (1): 28-40.

[84] GRODACH C. Art spaces, public space, and the link to community development [J]. Community development journal, 2010, 45 (4): 474-493.

[85] 帕克，伯吉斯，麦肯齐. 城市社会学：芝加哥学派城市研究 [M]. 宋俊岭，郑也夫，译. 北京：商务印书馆，2012.

[86] UNKNOWN. Concentric Zone Model by Ernest Burgess | Burgess Model. Settlement Geography [EB/OL]. (2020-09-18) [2021-11-20]. https://planningtank.com/settlement-geography/concentric-zone-model-burgess-model.

[87] Hopkins E. Understanding the different types of low-income neighborhoods [J]. Community investments, 2010, 22 (1): 13-18.

[88] CYTRON N. Improving the outcomes of place-based [J]. Community investments, 2010, 22 (1): 2-7.

[89] KHOZA L B, SHILUBANE H N, LOWANE M P. Attitudes and beliefs of immigrants regarding HIV and AIDS in Mopani District, South Africa [J]. SAHARA J: journal of social aspects of HIV/AIDS, 2020, 17 (1): 16-21.

[90] JOHNSTONE M, LEE E. Epistemic injustice and indigenous women: toward centering indigeneity in social work [J]. Affilia, 2021, 36 (3): 376-390.

[91] FUIMAONO R S. The Asset-Based Community Development (ABCD) approach in action: an analysis of the work of two NGOs in Samoa [D]. Palmerston North: Massey University, 2012.

[92] URADA L A, GAETA-RIVERA A, KIM J, et al. Mujeres unidas: addressing substance use, violence, and HIV risk through asset-based community development

for women in the sex trade [J]. International journal of environmental research and public health, 2021, 18 (8): 3884.

[93] BLAKEY J, CLEWS J. Knowing, being and co-constructing an age-friendly Tāmaki Makaurau Auckland [J]. International journal of environmental research and public health, 2020, 17 (23): 9136.

[94] BURNS V, KWAN C, WALSH C A. Co-producing knowledge through documentary film: a community-based participatory study with older adults with homeless histories [J]. Journal of social work education, 2020, 56 (sup1): S119 - S130.

[95] HENCELOVÁ P, KRIŽAN F, BÍLKOVÁ K. Klasifikácia a funkcia komunitných záhrad v meste (prípadováštúdia z Bratislavy) [J]. Sociológia-slovak sociological review, 2020, 52 (1): 51 - 81.

[96] SITHOLE S L. Revitalizing social work practice: the community development conundrum [J]. Social work/maatskaplike werk, 2017, 53 (3): 301 - 314.

[97] ENNIS G, WEST D. Using social network analysis in community development practice and research: a case study [J]. Community development journal, 2013, 48 (1): 40 - 57.

[98] MENDES P. Integrating social work and community-development practice in Victoria, Australia [J]. Asia Pacific journal of social work and development, 2008, 18 (1): 14 - 25.

[99] RAWSTHORNE M, ELLIS K, DE PREE A. "Working with COW": social work supporting older women living in the community [J]. Journal of gerontological social work, 2017, 60 (1): 32 - 47.

[100] HEAD B W. Australian experience: civic engagement as symbol and substance [J]. Public administration and development, 2011, 31 (2): 102 - 112.

[101] 派恩. 现代社会工作理论：第 3 版 [M]. 冯亚丽，叶鹏飞，译. 北京：中国人民大学出版社，2008.

书　评

实践领域的扩展与新型社会发展理论的浮现：读《社会发展的未来方向》

黄 锐[1]

摘要：《社会发展的未来方向》（*Future Directions in Social Development*）是在联合国确立千年发展目标和可持续发展目标背景下出版的一本论文集。该论文集延续并强化社会发展的共识，提出善治、人权、社区参与、和平、性别、环境、老龄化、宗教、社会保护、国际合作等一系列关键议题，将扩展社会发展的实践领域。社会科学研究者需要进一步推动与发展理论的对话，促进本土社会发展实践经验的理论化和国际化，为新型社会发展理论的浮现作出中国的贡献。

关键词：社会发展；实践；理论

自20世纪50年代"社会发展"一词被提出以来，无论是发展中国家还是发达国家的社会状况均发生了明显的改善。取得这些改善的主要原因是通过各国政府、国际发展机构、社会组织等共同努力，确立了一系列全球发展目标（如千年发展目标、可持续发展目标等），并顺利推进了各种社区发展计划。由于这些发展目标和计划力求把经济发展和社会福利结合起来，因而被笼统地称为社会发展取径。

尽管社会发展取径在促进民众的社会福利改善方面取得了显著成就，但许多研究发现社会福利并没有实现平均分配。例如，全球贫困发生率的

基金项目：国家社科基金项目"中国特色的发展型社会工作理论研究"（21BSH131）的阶段性成果。

① 黄锐，男，博士，华东理工大学社会工作系副教授，研究方向为社会工作理论、宏观社会工作。

减少主要发生在东亚国家，而撒哈拉以南的非洲、南亚和中美洲的减少幅度较小。并且，即使在东亚国家中，许多农村家庭和城乡迁移群体也继续遭遇贫困。

2012 年 6 月，国际社会发展联合会在印度尼西亚爪哇中南部特区日惹举行了亚太分会会议，与会的社会发展学者和实践者在联合国提出千年发展目标之际，热烈讨论了社会发展的未来发展方向。会后，詹姆斯·米奇利（James Midgley）和马诺哈尔·帕瓦尔（Manohar Pawar）邀请有关学者撰文，分享他们对社会发展未来方向的思考。这些论文后来由米奇利和帕瓦尔汇编为《社会发展的未来方向》一书，于 2017 年由国际知名出版社帕尔格雷夫·麦克米伦（Palgrave Macmillan）出版。

《社会发展的未来方向》一书包括三个部分。第一个部分涉及第 1—3 章。其中，第 1 章由本书主编米奇利和帕瓦尔共同撰写，简要梳理了社会发展的概念、价值和理论，结合千年发展目标和可持续发展目标引出社会发展的一系列关键议题，并交代本书各章节的主要内容。

米奇利撰写第 2 章，概述了第二次世界大战以来社会发展的历史演变，梳理了不同学者对社会发展的定义及其背后的理论取向，并就这些理论取向对社会发展实践的影响进行了探讨。此外，米奇利还进一步分析了联合国开发计划署、国际劳工组织和联合国儿童基金会等国际发展机构在促进社会发展方面的作用，尤其是促成了 1995 年哥本哈根首脑会议的成功举行和千年发展目标在联合国成员国中的顺利通过。

帕瓦尔在第 3 章中总结了社会发展的成就、不足和面临的挑战。基于千年发展目标的结果研究，他检视了进入 21 世纪以来全球、区域和各国社会发展所取得的成就，并就已实现的目标和未实现的目标进行了比较分析。在此基础上，帕瓦尔结合可持续发展目标，强调社会发展应当致力于在政治、政策和实践方面，将社会、经济和环境层面结合起来。

第二部分涉及第 4—12 章，聚焦社会发展需要关注的一系列关键议题，这也是《社会发展的未来方向》一书的核心。在第 4 章中，戴维·安德罗夫（David Androff）讨论了善治和人权在社会发展中的重要意义。虽然这是一个老话题，但安德罗夫发现千年发展目标对于人权和善治的关注是不够的，腐败、行政低效和侵犯人权等现象在许多国家依旧存在。因此，安德罗夫呼吁，政府应当切实代表民众，在真正促进社会福利和服务改善的同时，基于可持续发展目标的提出确保人权和善治的新路径。

帕瓦尔在第 5 章中讨论了促进社区参与的必要性。尽管参与理念一直以来是社会发展计划的基础性原则，但帕瓦尔发现许多国家在实现千年发展目标时强调自上而下，重视具体目标的实现，而或多或少地疏漏了当地民众在决定优先事项和社会发展计划实施中的参与度。帕瓦尔主张采取真正的参与式取径，提出了旨在确保真正参与社会发展实践的若干策略。

米奇利在第 6 章中讨论了全球冲突和暴力对社会发展的影响。米奇利回顾了全球冲突和暴力的无处不在，以及人类为争取和平所进行的组织化努力，进一步分析了全球冲突和暴力对社会发展所取得的成就的影响。他认为，社会发展学界和实务界没有充分回应全球冲突和暴力议题，在一定程度上导致部分社会发展政策和计划无法顺利实施。在此基础上，米奇利对和平的概念、意义和运作机制进行了探讨，提出了在应对全球冲突和暴力时努力达到社会发展目标的若干意见与建议。

在第 7 章中，沙哈娜・拉苏尔・巴萨迪恩（Shahana Rasool Bassadien）围绕社会发展中的性别议题展开了分析。她指出，虽然千年发展目标涉及性别议题，但并没有将其凸显出来，且更广泛的性别歧视和压迫等议题几乎被忽视。比如，尽管女童入学率不断提高、儿童死亡率逐年下降、孕产妇保健逐步得以改善，但世界各地的妇女仍继续遭受歧视、不平等的权利关系、家庭暴力等。为了改善所有人的社会条件，巴萨迪恩认为必须回应性别压迫的挑战和促进完全性别平等目标的实现，并据此提出了今后的行动指南。

在第 8 章中，梅尔・格雷（Mel Gray）、约翰・科茨（John Coates）和凯特・戴维斯（Kate Davies）聚焦环境议题对社会发展尤其是可持续发展的重要性。他们认为，地球和人类的未来取决于接受人与自然的关联性，以及充分认识到气候变化、污染、自然资源枯竭、粮食不安全等对人类生活的影响。他们强调，在追求可持续发展的社会发展实践中，应当将环境议题作为优先事项，实施增进生态和社会福祉的一系列战略，以实现经济、社会和环境的整合发展。

颜文雄（Raymond Man Hung Ngan）在第 9 章中探讨了社会发展中的人口老龄化议题。他指出，人口老龄化议题在社会发展中被严重忽视，原因是老龄化被认为与全球北方高收入国家有关，而发展中国家的老龄化比例长期较低。颜文雄据此分析了全球人口老龄化的趋势及其对社会发展的影响，探究了将人口老龄化议题纳入社会发展的相关政策和计划。

在第 10 章中，戴维·考克斯（David Cox）倡导将精神性议题纳入社会发展。他指出，几个世纪以来，宗教对社会发展产生了积极的影响，但大多数社会发展学者和实践者对宗教现象的本质一无所知，这在很大程度上造成了人们对宗教作用的矛盾甚至否定的态度。考克斯认为，我们应当从精神性视角理解宗教，重视它对个人成长、社区和谐、民生福祉、社会发展与责任感等的贡献。

在第 11 章中，索菲·普拉格森（Sophie Plagerson）和莉拉·帕特尔（Leila Patel）围绕社会保护与社会发展展开了讨论。她们指出，过去几十年来，随着社会保护范围和规模的不断扩大，尤其是有条件现金转移项目（Conditional Cash Transfers Program）的开展，作为一种社会投资，社会保护已成为发展中国家消除贫困和减少不平等现象的重要工具。她们梳理了社会保护的不同定义，概述了全球社会保护的发展状况与趋势，并反思了社会保护对未来发展政策议程的诸多影响。

玛丽安·乌尔比纳-费雷特扬斯（Marian Urbina-Ferretjans）和丽贝卡·苏兰德（Rebecca Surender）在第 12 章中聚焦国际援助和其他形式的国际合作。她们检视了作为千年发展目标之一的全球合作的实现情况，并分析了其有效调动国际资源的现况。她们认为，虽然国际发展合作比以往任何时候都要广泛，但如果国际社会希望持续改善世界各地民众的社会福利和服务，那么还需要不断深化促进有效国际合作的政策和计划。

第三部分是由帕瓦尔和米奇利撰写的第 13 章。本章是对《社会发展的未来方向》一书的总结。帕瓦尔和米奇利回顾了上述章节的论述，进一步探讨了如何在实现最低标准的基础上，采取整合性社会发展政策和计划来回应更广泛的社会平等和社会正义议题。

不难发现，《社会发展的未来方向》一书延续并强化了社会发展的一些共识。社会发展与经济发展不是并列、对立关系，社会发展在本质上包括经济发展。长期以来，大多数人认为只有当经济繁荣时才应考虑社会发展。一旦经济增长遭遇压力，那么优先选择的是削减社会发展的支出，以维持经济发展成果。然而，该书坚持认为虽然经济发展十分重要，但它是社会发展的一个组成部分，两者是齐头并进的。社会发展对于发达国家和发展中国家都是必要的，且是适用的。一直以来，对于社会发展的一个误解是，它只与发展中国家/地区有关，而与发达国家/地区无关。受全球化影响，许多国家/地区所面临的社会发展需求和问题的性质与规模，即使不是几乎相同的，也是类似的。该书结合千年发展目标和可持续发展目标，提出了善治、人权、社区参与、和平、性别、环境、老龄化、宗教、社会保护、国际合作等一系列关键议题，将扩展社会发展的实践领域。近年来，这些议题逐渐成为社会发展实践的新方向，而社会发展研究也越来越关注气候变化（Clay，2018）、生物多样性（Grima et al.，2017）、性别平等（Barnett，2018）、全球健康（Noy，2019）、社会保护（Pouw et al.，2018）等议题。

遗憾的是，《社会发展的未来方向》一书在知识生产方面的贡献是不足的。正如米奇利和帕瓦尔（2017：8）所指出的，社会发展在理论层面还处于前理论阶段（pre-theory stage）。为此，我们有必要推动与发展理论的对话。近年来，南方理论（southern theory）勃兴（Connell，2007：1），不少学者重提受马克思主义影响的批判社会理论（Bolčić，2009），倡导把“发展”带回社会学（Viterna and Robertson，2015）和新发展社会学（李培林，2022），这些有助于扩展社会发展理论的视野。此外，社会发展实践在全球广泛展开，促进了本土社会发展实践经验的理论化和国际化。对于中国学者更是如此。中国社会工作在增进民生福祉、服务乡村振兴、推动共同富裕、创新基层治理等方面发挥了重要作用，涌现出了具有本土特色的社会发展实践，比如东西部协作和定点帮扶。这些实践难以从现有的社会发展理论中获得足够的思想支持，也难以从西方的理论框架中得到全部解释。中国社会科学工作者应当致力于形成中国知识，为新型社会发展理论的浮现作出中国的贡献，这是应有的文化自觉。

参考文献

[1] CLAY N. Integrating livelihoods approaches with research on development and climate change adaptation [J]. Progress in development studies, 2018, 18 (1): 1-17.

[2] GRIMA N, RINGHOFER L, SINGH S J, et al. Mainstreaming biodiversity in development practice: can the concept of PES deliver? [J]. Progress in development studies, 2017, 17 (4): 267-281.

[3] BARNETT M. Gender equality, norms and practices: post-script to special issue on new actors, old donors and gender equality norms in international development cooperation [J]. Progress in development studies, 2018, 18 (3): 208-213.

[4] NOY S. An emergent sociology of global health and development: an introduction [J]. Sociology of development, 2019, 5 (1): 1-8.

[5] POUW N R, ROHREGGER B, SCHÜRING E, et al. Social protection in Ghana and Kenya through an inclusive development lens: complex effects and risks [R]. Sankt Augustin: International Centre for Sustainable Development, 2018.

[6] MIDGLEY J, PAWAR M. Future directions in social development [M]. New York: Palgrave Macmillan, 2017.

[7] CONNELL R. Southern theory: the global dynamics of knowledge in social science [M]. Cambridge: Polity Press, 2007.

[8] BOLČIĆ S. Should Marx's theory of social development be forgotten? [J]. Sociologija, 2009, 51 (2): 137-156.

[9] VITERNA J, ROBERTSON C. New directions for the sociology of development [J]. Annual review of sociology, 2015, 41: 243-269.

[10] 李培林. 新发展社会学：理论框架的构建 [J]. 社会，2022，42（6）：2-14.

英文摘要

Public Value Creation in Social Work: An "Action Triangle" Model

He Xuesong, Du Yimeng

Abstract: The rapid transformation of Chinese society has led to significant changes in social relations and values, making social solidarity and public value the focus of social construction. In light of the current period of transition, the field of social work assumes a macro-level mission to align itself with the needs of the time. Such grand narratives as "social construction" and "social governance" require that the creation of public value be the macro objective of social work in the transition period. This paper proposes an "Action Triangle" for transformational social work, based on Mark Moore's strategic triangle model. It constructs an action framework for public value creation in social work from three dimensions: action goals (public value), action cornerstones (institutional environment and resource networks) and action guarantees (professional action capacity). On the basis of this framework, this paper investigates the practical methodology of public value creation in social work through three phases—identification, implementation and evaluation, and further explores how social workers can better leverage their inherent abilities to collectively foster the co-creation of public value, thereby facilitating the construction of a developmental society based on participation and common interests.

Keywords: public value; value co-creation; social work; action triangle

What Makes Changing the Reality Possible: An Examination of Social Work Metatheory

Tong Min, Li Shiyu

Abstract: Conducting professional practice in the community is the primary characteristic of social work which is one of the significant professional forces in China's primary-level governace. However, as the professional practice is carried out in the community, problems such as administration's excessive interference and the ambiguity of professional connotation of social work arise, which as a result makes the professional practice a mere formality. Therefore, necessary studies are needed to review the basic principle of "person-in-situation" emphasized by the western professional social work, to clarify social work's professional core. This study reviewed the historical development of the principle of "person-in-situation" and compared the rationale behind social work professional practice of China with that of the West. It found that although western professional social work has consistently regarded the real link between people and the environment as the professional core of social work, and argued that such link distinguished social work from psychotherapy and sociological analysis, the western social work profession unconsciously set people against the environment for it, in practice, adopted a scientific positivist approach leading to the oscillation of its professional connotation between psychology and sociology. For one thing, Chinese social work should accept the definition of professional connotation from the West and make it the professional core to strengthen the connection between people and the environment. For another, it should integrate western professional connotation into people's real life in the community through contextualization, emphasizing the principle of "person-in-situation", create scenario-based problem solving service modes, and finally find an independent knowledge system that invites an equal-footed dialogue with western social work profession.

Keywords: problem solving; social work; independent knowledge

The Market-oriented Transition of People's Livelihood and the Developmental Social Work Intervention Strategies

Guo Weihe

Abstract: Based on the three classical issues of social transformation theory, livelihood transition and social protection, livelihood transition and group identity, livelihood transition and social governance, this paper systemically discusses three theoretical issues of market-oriented transition of the primary-level people's livelihood, including market capital, opportunism and identity politics. On that basis, this paper reviews the western intervention strategies of developmental social work and discusses its development in China. It suggests that following the guidance of Chinese modernization, developmental social work in China should help the primary-level people cope with the problems arised from the marked-oriented transition of people's livelihood, enhance people's capacity to resist risks in the process of the market-oriented transition, avoid falling into the traps of conservative retreat resistance and radical identity politics, and finally assist the primary-leve people in adapting themselves to Chinese modernization and achieving the better life of common prosperity.

Key words: Chinese modernization; social transformation; market-oriented transition of people's livelihood; developmental social work

From Development to Common Prosperity: The Extension of the Western Developmental Social Work Theory

Yang Chao

Abstract: Social work centering on achieving common prosperity has gone way beyond the field of western developmental social work theory, which makes it necessary to extend the concept of development to balanced development. Based on the review and criticism of the developmental social work theory, the paper addresses the Chinese context of common prosperity and proposes the "point—line—surface—space" concept concerning the Chinese context of common prosperity. The theoretical rationale of social work with regard to common prosperity lies in the production, flow, and balanced distribution of resources within the relationship networks of common prosperity. The practice approach of it lies in developing the mentality and capacity of common prosperity, establishing the common prosperity relationship and the coordinated development of the networks across regions, classes and urban and rural areas and the social transformation towards common prosperity.

Keywords: common prosperity; developmental social work; point—line—plane—space; relationalism

Exploring a Community Resilience Model by Focusing on Endogenous Power

Lu Heng, Zhang Xinpeng

Abstract: In recent years, the situation where the endogenous power for development is insufficient in rural areas has gradually emerged. Challengs such as closed-off governance mechanisms, the circling stratification of leadership in the small community, the weakened potential for community reform and the reduced disaster management capability have arisen. Community resilience theory plays a increasingly prominent role in rural social work research. However, existing research primarily focuses on building the capability to cope with risks and disasters, while it pays little attention to tapping into the endogenous power and building the development capacity in regular rural areas. Therefore, this study attempts to construct a rural social work intervention framework that balances risk prevention and development in the context of daily life. This framework explores the internal and external superior resources of the rural community. This framework emphasizes cultivating and developing resilience in rural community in four dimensions, including care and dedication, community development and reform, community overall planning and joint governance and community information communication. It aims to promote the formation of resilient community with the resources sufficiently used and governance systems optimized, hence strengthening the sustainability of rural revitalization from the perspective of endogenous power.

Keywords: community resilience; endogenous power; rural social work; rural revitalization

The Economic Dimension in Developmental Social Work: The Application of the Community Economy Theory as an Analytical Framework

He Yufei, Fu Fang, Xiao Longyue

Abstract: At present, the definition of developmental social work is somewhat ambiguous. The economic dimension plays a crucial role in defining developmental social work and is conducive to clarifying three essential types of practice. J. K. Gibson-Graham's community economy theory can be extended to an analytical framework for the research on developmental social work practice from the economic perspective. The four concerns— "survival", "commons", "surplus" and "consumption"— of the original theory can be respectively employed to analyze the determination of calculating working hours and wages of related practice, the types and use of public resources, the allocation principles of the economic output and the service objects' consumption needs and view. Using this analytical framework, this paper analyzes a livelihood development project in the mountainous area of South China. The application of such analytical framework not only helps to extract the strategic features of developmental social work practice, like the dual attributes—economic and social features, the application of empowerment and cultural adaptability principles, etc., but it also helps to disclose tensions in developmental social work practice like labor enthusiasm, group individualism, and the constraints of the macro-environment.

Key words: developmental social work; economic dimension; community economy; J. K. Gibson-Graham

Empowerment in Community Development Practice: Experience Extracted from Contemporary Power Theory and Practice

Wang Yi

Abstract: "Power" is one of the most essential concepts in social development and social relations, and theory of power has always been the key topic of social science research. Unlike the traditional politics which endows power with negative and antagonistic connotations, power in community development practice is believed to be capable of being created, and thus empowerment becomes a significant concept which has been widely discussed in the field of community development. In recent years, empowerment has also become a buzzword among Chinese academia, but a thorough review of the theory of power from the past to the present based on which the concept of empowerment is generated still lacks, which hinders the researchers and practitioners from delving into the deeper value and meaning of empowerment. Therefore, this paper reviews the development of contemporary power theory in a structural way, tries to make it clear the application of empowerment in community development practice and explain different forms of empowerment and the views of power behind them. By introducing "powercube", the advanced theoretical framework related to "empowerment", this paper offers referential experience for social work development practice in China.

Keywords: the theory of power; empowerment; the powercube; community development

Community-Based Practice: A New Paradigm of Foreign Social Work Theory and Practice

Xu Xuanguo, Che Jiaming

Abstract: The community-based practice, emerging with the inception of the social settlement movement, has up to now undergone a process of birth, decline and revival. This study reviews the theoretical foundations and practice methods of foreign community-based social work, and finds that the theoretical tradition of community-based practice is primarily composed of communitarianism, structuralism and constructivism. Based on this comprehensive theory, four major practice approaches have emerged which are community-based participatory action research, asset-based social development, space-based community development and place-based community integrated methods. Although these approaches have significant distinctions, they are mutually integrated in use. This paper concludes that foreign community social work practice exhibit various characteristics, such as community-based, people-oriented, integrated theories and methods and interdisciplinary tool application. In light of this, this study provides insights and reflection that are benefitial to the development of community-based social work in China.

Keywords: community-based practice; social work; people-oriented; paradigm integration

Expansion of the Practice Scope and the Emergence of New Social Development Theory: A Review of *Future Directions in Social Development* by James Midgley and Manohar Pawar

Huang Rui

Abstract: *Future Directions in Social Development* is a collection of papers published against the background of the United Nations' establishment of the Millennium Development Goals and the Sustainable Development Goals. This collection follows and reinforces the consensus in the social development field. It also notes that a series of key topics, including good governance, human rights, community participation, peace, gender, environment, aging, religion, social protection and international cooperation, will expand the scope of social development practice. Researchers should further promote dialogues with development theory, contribute to the theorizing and internationalization of local practice experience in social development and ultimately make contributions to the new theory of social development from a Chinese perspective.

Keywords: social development; practice; theory

《社会工作理论》征稿启事

为了推动社会工作理论研究的发展与创新，加强高校、实务机构与相关政府部门的专业合作，华东理工大学社会与公共管理学院联合中国社会工作教育协会社会工作理论专业委员会、华东理工大学出版社推出《社会工作理论》集刊，特向全国相关的专业人士征集稿件。

一、栏目设置和来稿范围

本集刊设置的主要栏目有特稿论文、专题论文和书评等，来稿范围包括社会工作理论、社会理论等方面的学术论文、学术动态综述、书评等，均欢迎不吝赐稿。

二、来稿要求

1. 来稿首发。来稿须为原创，凡通过互联网或其他出版途径（如公开出版的刊物、集刊、论文集、专著等）以中文发表过的文章不予受理。

2. 来稿规范。来稿文种须为中文。来稿必须遵循国际公认的学术规范，引文注释必须清楚准确，论述言之有据，论证逻辑全文一致，研究方法规范，文字表达符合社会学、社会工作、社会福利、社会政策等专业领域的专业术语，篇幅一般以 10 000—15 000 字为宜，最多不超过 18 000 字。

3. 来稿版权。本集刊所发文章均为作者本人的研究成果，不代表本集刊编辑委员会的意见。本集刊编辑对来稿有修改和删改权，如不同意请注明。论文一经发表，版权即归本集刊编辑委员会所有。其他涉及国内外版权问题，均遵照《中华人民共和国著作权法》《中华人民共和国民法典》和有关国际法规执行。本集刊刊登的所有文章，均加入与本集刊相关的网络信息系统。

4. 来稿信息。来稿应当包含以下内容：① 文章标题、中文摘要（不超过300字）、关键词；② 作者姓名、单位、职称、学位、研究方向、联系电话、电子邮箱、通信地址和邮政编码等；③ 基金项目，如获得基金资助的文章，应依次注明基金项目来源、名称、项目编号等基本要素。

5. 投稿方式。投稿本集刊的文章，即视为作者同意上述约定。来稿请投至编辑委员会电子邮箱：cjswtr@163.com（投稿邮件主题请命名“社会工作理论研究投稿+论文题目”）。一个月内编辑委员会未联系作者，作者可另行投稿。

三、审稿制度

1. 本集刊采用双向匿名审稿制度，即在论文作者和论文评审者姓名互不公开的基础上，对来稿进行评审的制度。

2. 所有来稿首先经编辑委员会进行初审，主要审查稿件的一般规范、稿件是否与出版宗旨相符。

3. 通过初审的稿件送交不少于两名相关的专家进行匿名评审。

4. 稿件是否采用以匿名评审意见为主，当评审意见不一致时，编辑委员会主任可进行最终裁决。

四、来稿文献与图表格式规范

1. 引文必须明确出处。注释（解释、说明）用脚注，每面按照①②③依次排序。文中引文需加括号注明作者、出版年份，如“×××××××××（张飞，2003）”，图书类引文还需注明引用的具体页码。详细文献出处作为参考文献列于文后。参考文献按正文引用的先后顺序排列，格式如下：

（1）普通图书

[1] 胡承正，周详，缪灵. 理论物理概论：上［M］. 武汉：武汉大学出版社，2010.

[2] 蒋有绪，郭泉水，马娟，等. 中国森林群落分类及其群落学特征［M］. 北京：科学出版社，1998.

［3］库恩. 科学革命的结构：第 4 版［M］. 金吾伦，胡新和，译. 2 版. 北京：北京大学出版社，2012.

［4］CRAWFPRD W，GORMAN M. Future libraries：dreams，madness，& reality［M］. Chicago：American Library Association，1995.

(2) 期刊中析出的文献

［1］余德华. 论精神贫困［J］. 哲学研究，2002（12）：15－20.

［2］郭熙保，罗知. 论贫困概念的演进［J］. 江西社会科学，2005（11）：38－43.

［3］于潇，刘义，柴跃廷，等. 互联网药品可信交易环境中主体资质审核备案模式［J］. 清华大学学报（自然科学版），2012，52（11）：1518－1523.

［4］BRADSHAW T K. Theories of poverty and anti-poverty programs in community development［J］. Community development，2007，38（1）：7－25.

［5］ANDERSON S，WILSON M，MWANSA L，et al. Empowerment and social work education and practice in Africa［J］. Journal of social development in Africa，1994，9（2）：71－86.

(3) 学位论文

［1］李明. 新时代“三治结合”乡村治理体系研究［D］. 长春：吉林大学，2022.

(4) 报纸中析出的文献

［1］丁文详. 数字革命与竞争国际化［N］. 中国青年报，2000-11-20（15）.

［2］黄娴. 贵州持续巩固改善环境空气质量［N/OL］. 人民日报，2023－02－15［2023－03－13］. http：//paper.people.com.cn/rmrb/html/2023－02/15/nw.D110000renmrb_20230215_4－14.htm.

(5) 电子资源（不包括电子专著、电子连续出版物、电子学位论文、电子专利）

［1］郭金云. 坚持基层社会治理为了人民［EB/OL］.（2022－07－27）［2023－03－02］. http：//www.xinhuanet.com/politics/20220727/

3c1c06e03c444f48bf9eb555c8c000b6/c.html.

2. 图表格式应尽可能采用三线表，必要时可加辅助线；表格应有表序和表题，序号和表题居中排于表格上方；图注放在图下方。

《社会工作理论》集刊编辑委员会

内容提要

abstract

《社会工作理论（第1辑）》共收录了9篇高质量论文。这些论文既有对社会工作在创造公共价值方面的宏观使命与行动框架的分析，也有立足于本土实践对社会工作元理论所进行的考察，还有围绕经济、政治转型对发展性社会工作理论转向的探究，以及聚焦社区抗逆力、社区经济、社区参与、权力等议题的发展性社会工作实务研究。在共同富裕视野下，这些论文对面向社会转型与社会治理的社会工作理论框架与实践策略进行了深入的探究，对于推动中国特色发展性社会工作实践创新与理论探索具有一定的意义，也在某种程度上对社会工作高质量发展有所贡献。